7 MINUTES
POUR CONVAINCRE

Les Éditions Transcontinental
1100, boul. René-Lévesque Ouest, 24e étage
Montréal (Québec) H3B 4X9
Téléphone : 514 392-9000 ou 1 800 361-5479
www.livres.transcontinental.ca

Catalogage avant publication de Bibliothèque et Archives nationales du Québec et Bibliothèque et Archives Canada
Bellenger, Lionel
7 minutes pour convaincre
(Guides Les affaires ; 1)
ISBN 978-2-89472-400-2

1. Communication persuasive. 2. Persuasion (Psychologie). 3. Communication orale. I. Titre. II. Titre: Sept minutes pour convaincre.

HM1196.B44 2008 303.3'42 C2008-942057-8

Révision : Diane Boucher
Correction : Jacinthe Lesage
Illustrations : Patrick Chenot
Mise en pages : Centre de production partagé de Montréal, Médias Transcontinental
Conception graphique de la couverture : 5W Mignon-Media/Elisa Riteau
Impression : Transcontinental Gagné

Édition originale publiée sous le titre « Sept minutes pour convaincre »

Imprimé au Canada

Dépôt légal – Bibliothèque et Archives nationales du Québec, 4e trimestre 2008
Bibliothèque et Archives Canada

Nous reconnaissons, pour nos activités d'édition, l'aide financière du gouvernement du Canada par l'entremise du Programme d'aide au développement de l'industrie de l'édition (PADIÉ). Nous remercions également la SODEC de son appui financier (programmes Aide à l'édition et Aide à la promotion).

Lionel Bellenger

7 MINUTES POUR CONVAINCRE

Guides Les Affaires

Fidèle à l'esprit du journal *Les Affaires,* facile d'accès et très opérationnelle, cette collection propose des guides pratiques qui vous accompagneront dans votre quotidien professionnel comme personnel.

Dans chaque ouvrage, vous trouverez :

- des conseils méthodologiques percutants ;
- des exercices pour vous entraîner : quiz, mises en situation, autoévaluations ;
- des idées pratiques, des témoignages pour illustrer les outils proposés ;
- des points essentiels repérables d'un seul coup d'œil, à exploiter dans votre quotidien ;
- et, en fin d'ouvrage, les résultats des exercices commentés afin de capitaliser votre apprentissage et de vous aider à progresser.

Table des matières

Introduction 9

CHAPITRE 1

Faire vite et bien 11

Clarifiez vos intentions 12

Listez les pièges de la communication rapide 17

Revisitez les symptômes que vous ressentez face à l'urgence 21

Répétez après moi : je n'ai pas le choix d'être bref, je n'ai pas le choix d'être bref 25

CHAPITRE 2

Se préparer à l'épreuve de l'urgence 31

Répertoriez les arguments qui feront la différence 32

Écrivez plusieurs scénarios courts 36

Prenez quelques précautions 40

Mettez-vous à la place de votre interlocuteur 43

CHAPITRE 3

Structurer l'intervention 51

Défendez vos idées avec netteté 52

Trouvez les accroches qui captiveront 57

Choisissez les mots qui frapperont la cible 60

Soyez logique pour être convaincant 64

CHAPITRE 4

Mettre le corps en tension 71

Gérez votre stress et votre trac 72

Apprenez à gérer votre respiration 77

Faites de votre voix une alliée 82

Et vos bras, qu'en ferez-vous ? 86

CHAPITRE 5

Aller à l'essentiel avec aisance 91

Assurez-vous de montrer que vous êtes convaincu 92

Votre charisme fera la différence 97

Doser concentration et enthousiasme 101

Montrez que vous êtes fiable 105

CHAPITRE 6

Tirer parti de l'expérience 111

Débriefez vos interventions 112

Devenez un pro des interventions brèves 117

Progresser en écoutant les autres 121

Gardez bien en mémoire vos réussites 125

Résultats des exercices 131

Introduction

On le sait bien, les interventions orales les plus courtes sont les plus difficiles. Vous avez raison de vous en méfier. Mais, aujourd'hui, les modes de communication rapide sont un genre qui s'installe de plus en plus dans les pratiques de travail. Mieux vaut donc savoir vous préparer quand vous n'avez que quelques minutes pour convaincre. Pour réussir ce défi, vous devez mettre tous les atouts de votre côté.

Cet ouvrage vous aidera à faire votre propre examen critique. Vous profiterez ensuite de votre expérience pour apprendre à vous préparer à l'épreuve de l'urgence et à déjouer tous les pièges.

En investissant le temps nécessaire à cette préparation, vous deviendrez un professionnel des interventions orales express : vous saurez rechercher des idées, établir des scénarios gagnants, trouver les accroches qui captivent, articuler les idées avec netteté et choisir les mots qui frappent l'imaginaire. Bref, vous saurez aller à l'essentiel avec aisance, en étant convaincant, cohérent et fiable aux yeux de votre public.

Pour convaincre en sept minutes, il faut passer le message avec conviction et faire de votre potentiel d'expression un allié. En effet, votre enthousiasme et votre sérieux, alliés à une intense concentration mentale, deviendront les meilleurs réflexes à votre service.

Avec cet ouvrage, apprenez à vivre vos prises de parole en trouvant le souffle, l'élan et le ton juste qui vous aideront à convaincre votre interlocuteur et à séduire votre auditoire. Réputé difficile, l'exercice deviendra alors un jeu : vous vous améliorerez à mesure que votre assurance grandira.

Cet ouvrage vous apprendra à faire un débriefing efficace et à faire de votre expérience un levier pour votre réussite. Savoir faire court n'aura plus de secret pour vous et vous n'aurez donc plus peur de multiplier les occasions d'intervenir.

CHAPITRE 1

Faire vite et bien

Les 3 objectifs du chapitre

1. Prendre conscience de la place grandissante des situations de communication rapide
2. Lister les pièges liés à l'urgence
3. Transformer la contrainte du manque de temps en atout

SECTION 1

Clarifiez vos intentions

Dans bien des circonstances, vous n'avez pas le choix du temps qui vous est imparti. Faire vite vous semble alors inconfortable : moins vous disposez de temps, plus il vous paraît précieux. Afin de vous préparer le mieux possible, il convient de relever les situations où il faut vous dépêcher – les plus courantes comme les plus insolites –, ainsi que les difficultés qui leur sont associées. Ensuite, pour faire vite sans vous disperser, il est nécessaire de bien clarifier ce que vous voulez. En prenant un peu de recul, vous pouvez distinguer trois objectifs couramment poursuivis dans de nombreuses situations professionnelles : dire, demander et obtenir.

Préparez-vous à la déferlante de la communication rapide

La civilisation américaine, berceau de la restauration rapide et particulièrement sensible au phénomène d'accélération du temps, est à l'origine de la communication rapide. Encore elle !

Aujourd'hui, tout indique que c'est un genre qui s'installe de plus en plus dans les pratiques de travail. Mieux vaut donc savoir vous préparer quand vous n'avez que quelques minutes pour convaincre.

Depuis la fin des années 1990, l'argumentaire accéléré (*elevator pitch*) est devenu un exercice singulier de prise de parole pour les salariés américains. En trente ou quarante-cinq secondes, le temps d'un trajet dans l'ascenseur, il s'agit de décrocher un rendez-vous avec un responsable hiérarchique en lui présentant l'idée centrale d'un projet. Il faut pour cela mettre en valeur un élément qui déclenchera chez lui l'intérêt de vous recevoir. Ce type d'échange permet de court-circuiter la voie normale, toujours risquée, de la prise de rendez-vous. Il est actuellement considéré comme une pratique particulièrement utile aux porteurs de projet.

Apparu dans les années 1990, le mouvement du *speed dating* (rencontres éclair entre célibataires, dans le but de trouver l'âme sœur) a ensuite donné naissance au *speed networking* : sept minutes, chronomètre en main, pour établir des contacts entre employeurs et cadres en recherche d'emploi. Le réseautage éclair permet une présélection débouchant sur des rendez-vous traditionnels. Le *speed dating* de l'emploi apparaît comme un dispositif qui permet aux salariés et aux recruteurs de rencontrer un maximum de personnes en un minimum de temps.

À un plus haut niveau, les dirigeants sont aussi confrontés aux rencontres individuelles, dites du *one to one* : en quelques dizaines de minutes, en tête-à-tête, ils doivent présenter une décision stratégique à l'actionnaire principal ou à un gestionnaire de fonds.

Sur le front des pratiques de communication rapide, on peut également mentionner les réunions debout où on aborde une question précise en un quart d'heure, de même que les repas sur le pouce combinés à une réunion de travail de 60 minutes avec ordre du jour précis et quasi chronométré. Objectif : chaque fois, efficacité et productivité. Pas le temps de respirer !

Vous avez du mal à dire les choses ?

Si votre objectif consiste uniquement à exprimer quelque chose, ce genre de rencontre peut paraître simple au premier abord. Pourtant, cet exercice est difficile, parce que vous percevez la pression du temps. D'ailleurs, comme bien des gens, vous faites peut-être part de ce que vous ressentez quand vous prenez la parole en débutant par : « J'ai juste quelque chose à dire… » Et ça sort… ou ça ne sort pas. Bien ou mal.

Quand il s'agit de dire, c'est pour:
- informer
- affirmer
- témoigner

En peu de temps, vous cherchez à apporter quelque chose au dialogue ou à la discussion. Vous souhaitez contribuer à l'échange en vous manifestant, c'est-à-dire en osant intervenir. C'est une bonne chose. Reste à savoir faire vite et bien. Pour cela, vous devez anticiper les choses afin d'avoir en tête la trame de votre intervention, dans la forme comme dans le fond, avant de vous lancer (voir chapitre 2).

DÉFINITION

Qu'est-ce qu'un complexe ?

Au sens courant, un complexe est un sentiment d'infériorité ou de culpabilité. La peur de manquer de temps pour s'exprimer peut l'activer.

Au sens psychanalytique, le complexe est un ensemble de représentations chargées d'affectivité, pourvues d'une très forte cohésion interne et formant dans la conscience un « nœud », pour reprendre l'expression de Jung. Refoulé, il garde toute sa vitalité et peut réapparaître dans la vie consciente sous des formes déguisées ou encore provoquer des névroses (obsessions, phobies, angoisse, doutes...).

Le complexe se manifeste par une perturbation de la conduite : on perd ses moyens au moment où on prend la parole ou à l'instant où on allait justement demander quelque chose.

La volonté, associée à la confiance en soi, peut le tenir en échec.

Vous avez du mal à demander ?

Vous faites peut-être partie de ceux qui n'osent pas demander ou qui ne savent pas comment s'y prendre. Ce sentiment est parfois tellement fort qu'on parle alors de **complexe.** L'action de demander est toujours brève : il s'agit de formuler une question souvent associée à une courte explication.

Interroger peut paraître banal et facile. Pourtant, on constate fréquemment que les questions sont mal posées et nécessitent une mise au point. Vous avez l'impression d'avoir été trahi par les mots quand votre interlocuteur vous lance : « Je ne comprends pas votre question. »

Résultat : malentendu ou incompréhension (voir chapitres 2 et 3).

Vous avez du mal à obtenir ?

Il n'est pas rare d'entendre certaines personnes avouer : « Si c'était à refaire, je m'y prendrais autrement. » Pas de doute, l'occasion a été manquée. On imagine déjà une autre façon de présenter les choses.

Le plus difficile est d'obtenir un accord dans un temps très bref. Vous ne cherchez pas seulement à dire ou à demander, vous espérez **convaincre** : « Il m'a dit oui, c'est bon. » Bien sûr, le terrain a pu être préparé en amont, mais parfois, c'est en profitant de l'effet de surprise que vous aurez gain de cause. Ainsi, pensez à vous préparer aux deux éventualités suivantes : obtenir une décision favorable parce que la situation est mûre ou, au contraire, parce que vous avez su surprendre. Les enjeux sont à géométrie variable. Parfois, il s'agit :

- de situations ordinaires ; par exemple obtenir de déplacer une date de rendez-vous ;

MÉMENTO

Recensez les situations de communication rapide

La vie professionnelle réserve de nombreuses occasions où il s'agit de faire preuve d'efficacité en un minimum de temps. Cette liste n'est pas exhaustive, mais elle doit vous inciter à clarifier et formuler votre pensée, selon les situations qui vous concernent :

- téléphoner à quelqu'un pour modifier une échéance ;
- intervenir en réunion pour faire une mise au point ;
- obtenir un rendez-vous avec un client potentiel ;
- transmettre des consignes à un collègue ;
- interpeller quelqu'un dans un ascenseur ;
- présenter une directive ;
- présenter une tâche à déléguer ;
- faire revenir quelqu'un dans le sujet à la suite d'une digression ;
- donner son opinion (brièvement en toutes circonstances) ;
- interroger un expert ;
- faire une brève synthèse devant un auditoire ;
- rendre compte d'une mission ;
- intéresser un partenaire potentiel ;
- faire le point sur un projet ;
- soulever un problème en réunion ;
- alerter un responsable d'un risque encouru ;
- résumer une expérience ;
- relater un événement ;
- expliquer son cas à un guichetier.

POUR ALLER PLUS LOIN

Avant de vous lancer...

Projetez-vous dans chacune de ces situations et interrogez-vous :

- Dans quel environnement êtes-vous le plus à l'aise : argumentaire accéléré, réseautage éclair, rencontre individuelle ? Pour quelles raisons ?
- Pour vous, selon l'environnement, avez-vous plus de mal à dire, à demander ou à obtenir ?

- d'affaires à hauts risques ; par exemple obtenir le feu vert de la haute direction (pour une cause personnelle, pour la réouverture d'un dossier...).

Dans tous les cas, ne l'oubliez jamais, vous dérangez le cours des choses. Peut-être même compromettez-vous votre interlocuteur. Celui-ci doit se décider rapidement et il le fera en grande partie en fonction de la manière dont vous vous serez adressé à lui. D'où l'idée de réfléchir à la façon dont vous vous y êtes pris (voir chapitre 3).

ET VOUS, OÙ EN ÊTES-VOUS ?

Préparez-vous à dire, demander et obtenir.

Mettez-vous dès à présent en situation avec ce cas pratique.

Votre responsable hiérarchique vous a confié un projet il y a un mois : il s'agit de publier une infolettre interne destinée à informer les 300 représentants de votre entreprise et les 30 directeurs auxquels ils sont rattachés. Vous avez deux problèmes : d'une part, une rumeur laisse entendre que le projet de publication pourrait être différé d'un an ; d'autre part, vous avez constaté que le budget initial de 15 000 $ pour 24 numéros est, à vue de nez, nettement insuffisant. Vous avez obtenu un rendez-vous avec le directeur du marketing, qui vous accordera un bref entretien. Vous êtes décidé à relancer le projet dans les meilleures conditions possibles. Comment vous préparerez-vous ?

Formulez les étapes de votre préparation :

____

____

____

____

____

Pour connaître le résultat de votre autoévaluation, reportez-vous à la page 131.

SECTION 2

Listez les pièges de la communication rapide

Avoir peu de temps pour vous exprimer est une véritable épreuve : d'une part pour votre esprit, car il faut sélectionner ce que vous avez à dire ; d'autre part pour vos nerfs, car la pression est forte. D'où les nombreux pièges de la communication rapide. Lister ces pièges vous permettra de mieux vous préparer, de diminuer votre anxiété et sûrement d'éliminer les erreurs répétitives que vous pourriez commettre.

Repérez les facteurs qui vous exposent au risque de stress

Quand tout va vite devant un interlocuteur ou un auditoire, certains facteurs vous rendent plus vulnérable.

- *Le presto va sauter.* Vous êtes trop préoccupé par l'enjeu que constitue ce que vous désirez obtenir et pas assez par ce que vous souhaitez dire ou demander. Vous avez en tête la difficulté à surmonter votre peur, voire le sentiment que votre intervention ne sera pas couronnée de succès. Vous vous mettez de la pression en grossissant l'événement et en amplifiant la nature des résistances que vous pourriez vivre.
- *Vous êtes déstabilisé.* Sous prétexte que les choses ne se passent pas comme vous l'aviez imaginé, vous changez votre plan d'action ou perdez le fil de votre intervention (par exemple, vous modifiez ce que vous aviez prévu dire). En réalité, cela ne fait qu'alimenter votre perception d'être déstabilisé de même que votre sentiment d'inconfort.

POUR ALLER PLUS LOIN

Acceptez une certaine dose d'anxiété

L'anxiété est un état affectif caractérisé par un sentiment d'inquiétude, de trouble, d'insécurité. Elle se distingue de l'angoisse, car l'anxieux peut encore se raisonner s'il craint un danger imprécis devant lequel il se sent ou se croit impuissant. Selon Freud, l'angoisse serait liée à des pulsions : la peur de tomber peut faire tomber ; devant le vide, la vraie angoisse serait non pas d'avoir le vertige, mais de s'y jeter.

Dites-vous qu'il est normal de ressentir une certaine appréhension quand vous devez vous exprimer devant quelqu'un pour présenter un projet ou une requête. Le fait d'avoir à faire vite tend à exclure toute possibilité de rattrapage, et c'est ce qui crée le sentiment de peur. Vous pouvez réduire cet inconfort psychique (parfois associé à des manifestations physiologiques désagréables comme rougir, avoir des frissons, trembler, se crisper...) en vous disant qu'effectivement, aujourd'hui, vous avez une seule chance, mais que d'autres occasions se présenteront.

- *Vous contournez votre objectif.* Vous trouvez de bonnes raisons d'ajourner votre demande, de vous censurer, en pariant sur une prochaine occasion.

Évitez les pièges les plus courants

Concrètement, les troubles que vous pouvez ressentir quand vous disposez de peu de temps se traduisent par autant de pièges dans lesquels vous avez peut-être déjà trébuché :

- *Passer complètement à côté du sujet.* Alors que vous craignez les trous de mémoire, le piège le plus fréquent est de vous mettre à parler de tout et de rien, sans maîtriser ce que vous dites. Et le temps passe sans que vous abordiez le sujet de votre requête. Vous avez le sentiment de ne pas avoir atteint votre objectif et que tout est perdu pour cette fois.
- *Faire preuve d'agressivité.* Vous constatez que vous vous emportez devant la moindre difficulté : une remarque, une objection, une critique. Tout se passe comme si vous considériez que la rencontre d'un premier obstacle ne vous permettra pas ici et maintenant d'aller au bout de ce que vous vouliez dire. Le sentiment de ne pas avoir assez de temps pour s'exprimer accroît le risque d'énervement.

- *Mal doser l'intervention.* Une mauvaise estimation du temps peut vous amener à partir de trop loin. Le raisonnement traîne en longueur. Vous sentez que vous n'avez toujours pas dit l'essentiel et que vous ne parviendrez pas à tout exprimer.
- *Ne pas réussir à s'imposer.* Vous sentez que vous êtes fébrile, que vous hésitez. Il est vrai que les interventions brèves, notamment dans des contextes difficiles, nécessitent de faire preuve d'un certain aplomb. Vous manquez d'assurance pour affirmer, demander, questionner.
- *Vouloir trop en faire.* Si vous avez dérapé dans l'exagération, c'est que vous cherchez à trop séduire, à trop en dire, à trop montrer. Une trop forte charge affective peut parasiter votre message. Vous vous donnez excessivement, et cela crée une gêne chez votre interlocuteur ou parmi votre auditoire.

CONSEIL PRATIQUE

Devenez plus lucide

Prenez le temps de préciser ce qui se passe en vous dans ces circonstances. Soyez vigilant : les pièges dans lesquels vous tombez sont souvent les mêmes ; apprenez donc à les repérer. C'est la condition de base pour pouvoir un jour les dépasser.

Pour réparer un moteur, on doit pouvoir localiser la nature de la panne ; trouver la solution est ensuite une affaire de technique et de patience.

Si vous avez le sentiment d'avoir raté votre intervention orale, prenez le temps de bien vérifier ce qui s'est passé : dans quel type de pièges êtes-vous tombé ?

ET VOUS, OÙ EN ÊTES-VOUS ?

Que représente le temps pour vous ?

Pour réussir vos interventions en public, vous devez apprendre à être bref ; votre brièveté découle directement de votre conception du temps. Faites le bilan de votre conception du temps en cochant oui pour chaque situation qui vous ressemble.

	Liste des situations	Oui	Non
1	Vous avez tendance à respecter le temps qu'on vous attribue pour vous exprimer.		
2	Vous manquez toujours de temps pour dire ce que vous avez à dire.		
3	Vous trouvez que les gens mettent trop de temps à s'exprimer.		
4	Vous estimez qu'il est impossible de convaincre quelqu'un en quelques minutes.		
5	Vous faites toujours plus court que ce que vous aviez prévu.		
6	Vous trouvez difficile d'interagir avec les gens laconiques.		
7	Vous avez les bavards en aversion.		
8	Vous avez le sentiment qu'on en dit toujours trop.		
9	Vous pensez que faire court dénature la pensée.		
10	Vous aimez prendre votre temps pour vous exprimer.		
11	Pour vous, obliger quelqu'un à être bref, c'est lui manquer de respect.		
12	Vous aimez bien aller droit au but.		
13	Vous admirez les personnes qui ont le sens de la formule.		
14	Pour vous, être bref, c'est respecter le temps des autres.		
15	Vous aimez savoir de combien de temps vous disposez pour une intervention.		

Pour connaître le résultat de votre autoévaluation, reportez-vous à la page 131.

SECTION 3

Revisitez les symptômes que vous ressentez face à l'urgence

Vous établissez sûrement un lien étroit entre urgence et stress. Il est vrai que la pression accrue imposée par le monde actuel agit comme une oppression sur les gens les plus fragiles ou les moins préparés, à tel point d'ailleurs que la gestion du temps est devenue un critère de sélection : être capable de s'en sortir dans un court laps de temps, c'est être à la fois pertinent et professionnel. En réfléchissant à la façon dont vous vivez l'urgence et en analysant les symptômes qui en découlent, apprenez à dépasser votre stress.

Vous craignez de bâcler le travail en faisant vite

Vous percevez l'urgence de manière négative. Pour vous, un délai très court est, de fait, synonyme de mauvaise qualité : en peu de temps, vous ne pouvez pas vraiment exprimer ce que vous avez à dire. Votre propos sera incomplet, imprécis, superficiel, donc insatisfaisant. Vous avez sans doute tendance à être plutôt perfectionniste. Si on vous limite dans le temps, vous le ressentez comme une **frustration.**

Pourtant, interrogez-vous : attendez-vous le même bénéfice d'un texte de 10 lignes (par exemple, le résumé figurant au dos d'un livre) et d'un livre entier ? Non, bien entendu. Il vous paraît naturel que le résumé apparaissant au dos d'un livre soit synthétique, tandis que le livre doit aller en profondeur. Ce n'est pas la longueur du résumé qui fait sa qualité : c'est l'adaptation de son message à son objectif. **Accepter le principe de dimensionnement, selon lequel le message s'adapte à son contenant, permet de dépasser ses frustrations.** Et cela prend toute sa valeur dans la communication rapide : plus vous adapterez le contenu de votre message au temps qui vous est alloué, mieux vous atteindrez vos objectifs. Pas de farce, c'est un jeu passionnant qu'il ne faut pas hésiter à pratiquer.

Vous redoutez la précipitation que provoque *a priori* une situation d'urgence

Vous vivez le syndrome de la fébrilité : vous confondez vitesse et précipitation. Quand on vous presse de raccourcir votre propos, en général vous souhaitez quand même tout dire… en allant plus vite encore. Résultat : les idées se télescopent, vous vous essoufflez, vous perdez le fil, ce qui provoque encore plus d'agacement et d'impatience chez votre interlocuteur ou votre auditoire.

C'est sans doute que vous n'êtes pas encore totalement convaincu de la différence entre « faire court » et « aller vite ». Mais faire court n'est pas forcément aller vite. En effet, si vous avez sélectionné les arguments les plus percutants de votre message, vous n'aurez pas besoin de vous précipiter pour les exposer. Ainsi, pour faire court et gagner en confort, entraînez-vous à **sélectionner vos idées.**

Vous pensez que faire court travestit nécessairement votre pensée

Vous trouvez qu'un exposé sommaire est automatiquement réducteur et que son fond en est donc altéré. Pour vous, décrire succinctement n'est possible que si vous acceptez d'être caricatural. Ou schématique. Vous avez peur de trahir la réalité. Vous pensez qu'un point de vue exprimé avec autant de brièveté ne peut pas être juste ou complet. Il ne vous paraît pas honnête de relater un événement en si peu de mots.

Acceptez l'idée que dire quelque chose brièvement est toujours plus constructif que de ne rien dire du tout : ça peut permettre de faire passer votre idée, de rebondir, d'ouvrir le débat, sans tout de même que cette façon de faire exclue un développement ultérieur à un moment plus approprié. Souvenez-vous qu'être concret et réaliste est une attitude recherchée en entreprise ; être concis est une des réponses que vous pouvez apporter à ces attentes.

CONSEIL PRATIQUE

Apprenez des autres

Si vous êtes convaincu que les interventions brèves sont loin d'être les meilleures, acceptez l'idée d'être dorénavant plus vigilant quand quelqu'un s'exprime succinctement devant vous. Vous verrez que les croyances négatives que vous avez ne sont pas pour autant toujours vraies.

En mettant de côté ces préjugés trop généralisateurs, vous serez peut-être plus réceptif à des interventions de bonne qualité et vous apprendrez à les décrypter pour en tirer les meilleurs enseignements.

ET VOUS, OÙ EN ÊTES-VOUS ?

Que faites-vous quand vous devez prendre la parole ?

Il vous arrive de prendre la parole. Faites le bilan de vos interventions en public en cochant les situations qui ressemblent à votre vécu.

	Liste des situations	Oui	Non	Parfois
1	Vous savez déjà que vous n'allez pas y arriver.			
2	Vous perdez le fil de ce que vous allez dire.			
3	Vous vous emportez facilement.			
4	Vous changez volontairement de sujet.			
5	Vous hésitez.			
6	Vous voulez trop bien faire.			
7	Vous avez toujours le sentiment d'avoir trop de choses à dire.			
8	Vous vous laissez interrompre.			
9	Vous vous contredisez.			
10	Vous voulez prouver trop de choses.			
11	Vous avez l'impression que votre intervention est inutile.			
12	Vous décidez de reporter votre intervention à une occasion ultérieure.			
13	Vous attendez le dernier moment.			
14	Vous vous interrogez sur les risques que vous prenez.			
15	Vous ressentez des vertiges.			
TOTAL				

Pour connaître le résultat de votre autoévaluation, reportez-vous à la page 132.

SECTION 4

Répétez après moi : je n'ai pas le choix d'être bref, je n'ai pas le choix d'être bref

Faire court est souvent vécu, à tort, comme une obligation. Être bref, aborder seulement les points importants, peut être au contraire considéré comme une preuve de respect, voire d'élégance à l'égard des autres. Savoir aller à l'essentiel tend en effet à devenir un atout, qui reste toutefois encore peu partagé. Ceux qui savent aujourd'hui parler avec pertinence, au bon moment, font la différence.

Soyez bref pour gagner en pertinence

Vos interventions orales doivent être plus courtes que jamais pour s'adapter aux différents contextes. Quand vous atteignez cet objectif, vous démontrez que, quoi qu'il arrive, vous faites preuve d'**à-propos professionnel.** Oui, oui, vous devenez alors pertinent, efficace, et on ne parle pas de vous comme quelqu'un qui a besoin de 143 mots pour en dire 8.

- *En réunion.* Une réunion n'est-elle pas plus constructive lorsque tout le monde peut s'exprimer ? Si vous acceptez cette idée, vous devez intervenir brièvement et inciter les autres à faire de même.
- *En rencontre individuelle.* Il est souhaitable que vous alliez à l'essentiel pour réduire le temps de rencontre et pour esquiver les conversations à bâtons rompus souvent stériles. Parfois, c'est le temps de parler de ce qu'on a au programme ce week-end, et parfois, ce n'est vraiment pas une bonne idée.

CONSEIL PRATIQUE

Faites du temps un atout

Disposer d'un temps restreint vous oblige à sélectionner ce que vous direz. Or, sélectionner vous amène à éliminer, donc à choisir. Considérez la nécessité d'avoir peu de temps non comme une contrainte, mais comme un atout.

En effet, cet impératif vous incite à :
- vous améliorer ;
- mieux manier la langue et les idées ;
- faire des choix, établir des priorités ;
- repousser vos limites dans la recherche de l'expression juste, de l'argument qui fait mouche, du chiffre évocateur, de l'exemple illustrant à merveille votre propos, du fait qui le révèle.

Finalement, disposer de moins de temps est un excellent exercice pour vous entraîner à ne garder que l'essentiel, ce qui a du sens et surtout ce que vous voudriez que retienne votre interlocuteur ou votre auditoire. C'est satisfaire à la rigoureuse épreuve du « s'il me fallait dire ou retenir un seul élément, quel serait-il ? »

Aller à l'essentiel est un bel exercice pour l'esprit. Ayez en tête que les plus grands esprits sont des habitués de ces fulgurances de la pensée : en une phrase, ils vous délivrent un message fort qui, à son tour, vous donne à penser.

• *Au téléphone*. Par définition, dans la vie professionnelle, vous cherchez à être efficace, et le coup de fil se justifie par une raison précise. Aller droit au but doit être votre première règle.

Soyez bref pour accroître l'impact de vos propos

« C'était intéressant, mais c'était long longtemps, j'en pouvais plus », disent volontiers certains auditeurs. En revanche, une intervention qui passe bien allie, en général, concision et pertinence. » Il a dit juste ce qu'il fallait, remarqueront les participants, c'était parfait. Et tout ça en un temps record ! » Prendre du temps aux autres, trop vous étendre, accaparer le micro, discourir, être trop bavard sont autant d'attitudes qui altèrent à coup sûr vos chances d'impact. L'écoute baisse, l'auditoire lâche prise ou s'exaspère. Vous n'avez pas compris qu'il fallait faire court ? Promis, juré, cela vous desservira tantôt.

Soyez bref pour être plus professionnel

Pour s'en tenir à l'essentiel, il faut maîtriser son sujet et être bien préparé, notamment en pensant à qui on va s'adresser. Faire une belle prestation bien concise dans un temps réduit prouve qu'on a du métier et qu'on a travaillé pour la réussir.

Savoir aller à l'essentiel appelle un bel esprit de synthèse. Il vous faut :

- construire ;
- sélectionner ;
- illustrer ;
- améliorer ;
- trouver les mots et les formules justes.

Si vous acceptez de relever ce défi, la nécessité de faire au plus vite devient pour vous un atout.

CONSEIL PRATIQUE

Imprégnez-vous de citations célèbres

Si vous voulez vous entraîner à penser vite et de manière percutante, habituez-vous à parcourir des recueils ou des dictionnaires de citations. Vous découvrirez qu'elles sont d'inégale profondeur, mais vous serez sensible à celles qui résument en quelques mots une pensée puissante.

Prenez un carnet et consignez vos propres idées tout en apprenant progressivement à les façonner. Très utile, cet exercice crée les conditions d'une gymnastique de l'esprit fructueuse pour l'orateur qui tient à s'exprimer brièvement avec pertinence. Vous constaterez qu'une pensée a besoin de mûrir avant de devenir le pivot de votre intervention. C'est avec des phrases fortes qu'on rehausse le débat et qu'on marque des points.

Les 4 phases d'élaboration d'une intervention brève

Phase 1 ⇨ **Pensée foisonnante**
Ce que vous avez l'intention de dire.

Phase 2 ⇨ **Pensée raisonnée**
Ce que vous avez sélectionné et classé.

Phase 3 ⇨ **Pensée structurée**
Ce que vous avez organisé selon la trame la plus propice à votre propos et au contexte de votre intervention.

Phase 4 ⇨ **Intervention finale**
Ce que vous dites.

ET VOUS, OÙ EN ÊTES-VOUS ?

Jugez de votre capacité à être bref.

Mettez-vous en situation tout de suite avec ce cas pratique.

Imaginez que vous défendrez un projet à l'occasion d'une réunion, par exemple mettre en place un programme de formation sur la créativité pour l'ensemble des collaborateurs de votre division (ingénieurs, techniciens, assistants).

Vous avez constaté que les habitudes, la routine et un manque d'innovation caractérisent les méthodes de travail. Vous savez que certaines personnes croient qu'il est impossible de se former à être plus créatif.

Vous savez que vous n'avez que sept minutes pour convaincre.

Comment allez-vous bâtir votre intervention, et notamment sélectionner vos idées et vos arguments ?

Indiquez votre plan et la liste de vos idées et arguments :

Pour connaître le résultat de votre autoévaluation, reportez-vous à la page 132.

L'ESSENTIEL

Faire court n'est pas qu'une contrainte, même si le chemin pour parvenir à synthétiser sa pensée et aller vers l'excellence est semé d'obstacles.

1 ACCEPTEZ LA PLACE QUE PREND LA COMMUNICATION RAPIDE DANS LA VIE PROFESSIONNELLE

Être de plus en plus souvent sollicité pour des interventions où on vous demande d'aller à l'essentiel, telle est la réalité d'aujourd'hui. Les grands détours, les belles envolées, les conversations téléphoniques professionnelles de 50 minutes, c'était hier.

2 SACHEZ DÉFINIR VOS INTENTIONS LORSQUE VOUS PRENEZ LA PAROLE

Dire, demander puis obtenir constituent les jalons d'une aptitude à communiquer à la fois clairement et brièvement.

3 PROGRESSEZ EN TOUTE LUCIDITÉ POUR CERNER LES PIÈGES ET LES SYMPTÔMES ASSOCIÉS À LA PRESSION DE L'URGENCE

Savoir faire un diagnostic et mettre en évidence d'éventuels scénarios d'échec répétitif vous aidera à progresser.

4 TRANSFORMEZ LA CONTRAINTE DU TEMPS EN ATOUT

Parvenir à être bref représente une extraordinaire opportunité qui vous incitera à améliorer votre pensée, à développer votre esprit de synthèse et à trouver les formules percutantes et les mots justes.

NOTES PERSONNELLES

CHAPITRE 2

Se préparer à l'épreuve de l'urgence

Les 3 objectifs du chapitre

1. Anticiper pour parer à toutes les éventualités
2. Adapter son discours en fonction de l'auditoire
3. Sélectionner les arguments les plus percutants

SECTION 1

Répertoriez les arguments qui feront la différence

Plus une intervention orale est brève, plus elle exige une préparation de bonne qualité. Ne vous méprenez pas : si la personne qui doit communiquer quelque chose a du talent en apparence, en général, elle a beaucoup travaillé en amont. Ne vous laissez pas aller à un optimisme naïf (« J'ai juste quelques mots à dire au directeur, alors ça ira comme ça... ») pour découvrir que, devant lui, vous n'avez pas été aussi pertinent que vous l'auriez voulu. Savoir se préparer, surtout pour une communication rapide, est une affaire de méthode et d'expérience.

Produisez des idées sans contrainte

Les étapes qui suivent vous permettront d'être prêt le jour J.

- *Le bouillonnement d'idées.* Quelques jours avant votre intervention, prenez 20 minutes pour noter sans censure toutes les idées, tous les arguments qui vous viennent à l'esprit pour défendre votre projet. Cela favorisera votre activité mentale sans pression. Avec le temps, vous aborderez plus aisément les questions sous des angles différents, alors que, dans la précipitation, vous risquez de n'envisager qu'une seule solution qui n'est peut-être pas la bonne.
- *La cogitation.* Approfondissez votre réflexion en vous posant des questions ouvertes pour vous obliger à voir plus large : Quoi ? Qui ? Où ? Quand ? Comment ? Pourquoi ? Combien ? Qu'est-ce que ? De quelle façon ? De quelle manière ? Par quels moyens ? Cela vous permettra également de commencer à envisager les éventuelles objections qu'on pourrait vous apporter.

- *La rédaction.* Notez toutes vos idées sans trop vous soucier de leur formulation. Gardez précieusement cette liste, car vous devrez y ajouter vos prochaines idées dès qu'elles vous viendront à l'esprit.

Sélectionnez vos idées

Plus votre communication est brève, plus l'étape de la sélection des idées est décisive. Puisque vous ne pouvez pas tout dire et encore moins tout développer, vous devez impérativement faire ce tri au préalable.

- *Effectuez un travail de réécriture.* Relisez votre liste d'idées et d'arguments. Évaluez-les et cherchez la meilleure formulation possible pour chacun d'entre eux.
- *Examinez-les minutieusement.* Dressez votre nouvelle liste et utilisez-la pour établir des comparaisons. Regroupez les idées proches, notez celles qui se contredisent. Pesez le pour et le contre de chacune.
- *Classez-les par ordre d'importance.* Sur une autre feuille, hiérarchisez vos idées en leur attribuant des numéros. Commencez par l'argument qui vous paraît prioritaire, c'est-à-dire le plus précis, le plus clair, le plus pertinent.
- *Classifiez-les.* Catégorisez ensuite vos arguments en les surlignant selon leur nature – arguments forts ou arguments attaquables. Pour cela, interrogez-vous en imaginant les objections qui pourraient être soulevées. Si vous ne trouvez pas d'objections particulières pour un argument, alors c'est un argument fort. Dans ce cas, assurez-vous de disposer d'un fait, de chiffres ou d'un témoignage pour l'étayer.
- *Soyez ouvert d'esprit.* Une fois établie cette liste d'arguments forts et faibles, ne considérez pas que votre travail est fini, ni que la sélection ou la hiérarchisation que vous avez faite est dé-

CONSEIL PRATIQUE

Accordez-vous du temps pour vous préparer

Une fois l'échéance fixée (un coup de fil, un entretien, une réunion, une assemblée, une interview...), préparez-vous tranquillement. Notez dans votre agenda, de quelques jours à une semaine à l'avance (au maximum), les deux ou trois moments que vous consacrerez à votre exercice de mise au point.

finitive. Gardez l'esprit ouvert à toute nouvelle idée même si cela remet en cause ce premier tri.

- *Soyez calme et flexible.* Sachez lutter contre toute fébrilité durant la préparation. Donnez-vous toutes les chances de tirer le meilleur parti de votre réflexion durant ce travail de préparation. Restez souple.

Imprégnez-vous de vos idées

Une fois votre sélection faite, vous devez vous imprégner de vos idées pour ne pas perdre pied le jour J.

- *Familiarisez-vous avec ce que vous direz* (idées principales, arguments, anecdotes, chiffres...).
- *Relisez vos notes* plusieurs fois.
- *Sollicitez votre mémoire* et répétez en silence ou à haute voix votre argumentation dans sa version actuelle. Plus vous répéterez, plus vous serez à l'aise de manier ces divers arguments.
- *Répétez ce travail* de restitution de vos arguments forts à différents moments de la journée jusqu'à ce que les enchaînements soient fluides et naturels et que vous vous sentiez totalement à l'aise.
- *Pour être plus en confiance,* testez vos arguments sur un public averti ou non. Cherchez des personnes proches du public à qui vous vous adresserez ou des personnes dont les critiques vous seront utiles pour affiner ou affûter vos arguments. Ainsi, vous aurez une première idée de l'effet de votre propos et vous pourrez mieux ajuster votre discours.

- *Pour vivre sereinement cet exercice de préparation,* dites-vous qu'il n'y a pas d'enjeu, que cela vous permettra de roder votre discours et que ce test sera un jeu enrichissant.

ET VOUS, OÙ EN ÊTES-VOUS ?

Faites l'autodiagnostic de vos habitudes de préparation.

Faites le diagnostic de vos habitudes de préparation en cochant vrai ou faux selon que les énoncés d'appliquent à vous ou non.

	Liste des situations	Vrai	Faux
1	Vous ne vous préparez pas du tout.		
2	Vous pensez à ce que vous direz, mais sans méthode et sans prise de notes.		
3	Vous prenez des notes juste avant de prendre la parole.		
4	Vous vous en tenez à votre première idée et vous vous en imprégnez sans travail particulier de mise au point.		
5	Vous écrivez des idées et vous les lisez aussitôt en public dans le but d'être plus spontané.		
6	Vous vous isolez avant d'intervenir pour vous concentrer et ne pas être trop influencé.		
7	Vous écrivez la veille vos idées et vous les apprenez par cœur.		
8	Vous vous contentez de penser à ce que vous direz en vous endormant.		
9	Vous pensez souvent qu'il ne sert à rien de vous préparer, car cela ne se passe jamais comme vous l'aviez prévu.		
10	Vous pensez que se préparer, c'est se créer une contrainte.		
11	Vous avez encore plus peur quand vous vous préparez.		
12	Vous découvrez toujours des choses qui ne vont pas quand vous vous préparez.		
13	Vous pensez qu'il suffit de se préparer au dernier moment.		
14	Vous avez peur que la préparation vous fasse manquer de spontanéité.		
15	Vous ne savez pas trouver le temps de vous préparer.		

Pour connaître le résultat de votre autoévaluation, reportez-vous à la page 132.

SECTION 2

Écrivez plusieurs scénarios courts

Il est difficile, la première fois, de préparer une intervention brève, car elle est le résultat d'un travail progressif. Vous devez arriver par élimination à cerner le message à passer, l'essentiel de votre prise de parole. Pour une préparation rapide et efficace, vous devez écrire votre texte à partir de ce que vous avez sélectionné à l'étape précédente.

Sculptez votre propos

À l'instar du sculpteur qui part toujours d'une matière brute pour créer une forme raffinée, procédez en **3 temps** :

1. *Définissez un plan.* Donnez une forme, un mouvement général à votre intervention. Ce plan vous servira de fil conducteur.
2. *Faites le ménage.* Commencez à façonner, à élaguer, à épurer votre propos en renforçant telle idée par un fait ou un exemple, ou en ôtant çà et là ce que vous estimez superflu. Ce travail d'élagage vous paraîtra vite passionnant : vous mettez à l'épreuve ce que vous direz, vous êtes actif ; vous changez l'ordre de vos arguments-chocs, vous les étayez par des chiffres, etc.
3. *Restez serein.* En accomplissant ce travail, d'autres idées peuvent vous venir à l'esprit : elles vous permettront de trouver d'autres tournures de phrases ou de remettre en question votre première ébauche de plan. Prenez ce nouveau matériau comme une chance d'arriver à un meilleur résultat.

Osez de nouvelles versions

Après cette première ébauche, laissez votre texte de côté quelques heures, puis remodelez-le en le découpant sous forme d'énumérations ou d'étapes à suivre. En pensant au travail d'un sculpteur, gardez deux ou trois nouveaux blocs de matière – des versions de votre discours – que vous traiterez librement. Ainsi, vous ne serez pas obnubilé par la première version, à laquelle vous reviendrez peut-être.

Allez au bout de chacun des scénarios que vous avez imaginés. Souvent, vous modifierez seulement le début de la prise de parole, mais très vite ce simple changement pourrait vous inciter à dérouler vos arguments de manière complètement différente.

En osant de nouvelles versions, vous disposerez de plusieurs scénarios potentiels : les avoir élaborées séparément vous incitera à les comparer, puis à les évaluer. Ne considérez pas cette étape comme du temps perdu : chaque scénario peut apporter un éclairage étonnant à votre discours, et chaque version peut nourrir d'idées ou de tournures intéressantes votre discours définitif. Vous augmentez ainsi vos chances de produire le meilleur de vous-même.

MÉMENTO

La fluidité, clé de la réussite

La pensée qui accroche, interpelle les autres est celle qui doit être sélectionnée en priorité. Pensez à ce que vous détestez dans les discours des autres : les platitudes, les répétitions, les idées trop délayées.

Inspirez-vous de la pensée chinoise qui prône que la bonne stratégie ne consiste pas à forcer le passage, bien au contraire : à l'instar de la rivière qui épouse les reliefs, votre discours gagnera à évoluer selon une progression singulière. Il doit surprendre, rebondir, bifurquer, accélérer, ralentir, mais n'en omettez pas pour autant le fil directeur.

Une intervention réussie, c'est une pensée fluide où les idées coulent. Quand on n'a que sept minutes pour convaincre, soit environ 1 000 mots (ou à peu près 5 pages manuscrites), il convient de donner du rythme.

Au terme de la comparaison, déterminez le scénario qui vous paraît le plus pertinent. Très souvent, ce sera celui qui permet le discours le plus fluide.

Réduisez votre propos au minimum

Vous avez votre scénario mais ne disposez pas encore de tous les arguments. Réduire votre propos de manière synthétique est l'opération la plus délicate. Pour la réussir, pensez à ce que vous choisiriez de dire dans un temps plus restreint encore que celui qui devrait vous être accordé pour votre intervention. Parmi toutes vos idées, tous vos arguments, lesquels garderiez-vous alors ?

- *Un mot.* Osez la plus redoutable mise à l'épreuve en ne gardant qu'un mot. C'est le mot clé, le mot phare autour duquel se cimente ce que vous avez à dire. Vous devez fournir un effort de concentration et de sélection particulier pour trouver le terme qui résume le mieux votre message. D'ailleurs, vous utiliserez certainement plusieurs fois ce terme dans votre intervention.
- *Une phrase-choc.* Construisez une formule-choc en vous appuyant sur le scénario que vous estimez le meilleur. Cette formule, cette phrase, c'est l'idée qui résume et qui porte le mieux votre message. Elle contiendra nécessairement le mot phare que vous avez choisi. Vous devez pouvoir la retenir aussi facilement qu'une citation ou un slogan.
- *Deux ou trois parties.* Maîtrisez les parties de votre discours. Quand une intervention est brève, il faut prévoir deux, voire trois parties au maximum, et c'est souvent ce qu'annoncent les personnes qui prennent la parole en public : « J'ai deux ou trois choses à vous dire… » Vous prendrez confiance en vous préparant ainsi, car gagner en aisance ne se décrète pas : c'est le fruit d'un éternel recommencement. Gardez en tête l'image du sculpteur face à son bloc.

ET VOUS, OÙ EN ÊTES-VOUS ?

Exercez-vous à synthétiser vos propos.

Choisissez 10 opinions parmi celles que vous avez sur la vie (par exemple, « je préfère travailler à temps partiel », « j'ai horreur de l'art abstrait », « il est bien qu'il soit interdit de fumer dans les endroits publics », « on devrait apprendre une deuxième langue dès l'école maternelle », « on prend trop de médicaments », « je raffole des parcs d'attraction »...).

Exercez-vous à résumer ces opinions par un mot clé, puis par une formule-choc :

Opinions	Mots clés	Formules-chocs
1		
2		
3		
4		
5		
6		
7		
8		
9		
10		

Pour connaître le résultat de votre autoévaluation, reportez-vous à la page 133.

SECTION 3

Prenez quelques précautions

Vous êtes maintenant prêt quant au fond de votre discours. Cependant, la portée d'une intervention brève et l'impact immédiat sur lequel vous pariez nécessitent une dernière mise au point, plus stratégique. Est-il bon pour vous de faire cette intervention ? Quel en est l'enjeu ? Dans quel contexte allez-vous intervenir ?

Vouloir aller à l'essentiel n'est pas sans conséquence

Être percutant peut avoir un impact sur la suite des choses.

- *Sur votre image personnelle.* En allant droit au but, vous allez hors de votre zone de confort. Vous vous « exposez », quoi. Votre interlocuteur pourra penser : « Quelle audace ! » ou « Quelle maladresse ! », ou encore « Quel tact ! » Faire court met votre intervention en relief et vous révèle. Si vous avez choisi de dire cela, de façon aussi succincte, c'est certainement ce que vous avez de mieux à dire. L'enjeu est donc de taille. Les interventions les plus brèves sont les plus délicates et les plus risquées.
- *Pour votre progression professionnelle.* Une communication rapide s'inscrit toujours comme un temps fort et décisif dans un processus plus large : formuler une demande, déclencher un intérêt, proposer une offre pour finir par obtenir un accord souhaité depuis des mois. Cette étape clé vous servira à orienter favorablement le cours des événements ou à le compromettre dangereusement.

Jouez les stratèges pour mettre toutes les chances de votre côté

Reprenez les différents scénarios que vous avez imaginés pendant la préparation et choisissez la version de votre discours que vous considérez comme la plus sûre.

Pour vous aider à prendre votre décision, interrogez-vous :

- Êtes-vous crédible en avançant cet argument ?
- Êtes-vous en phase avec le contexte ?
- Votre interlocuteur ou votre auditoire est-il prêt à entendre ce message ?
- Êtes-vous clair ?
- Avez-vous une possibilité de repli ?

CONSEIL PRATIQUE

Méfiez-vous de vous-même

Dès que vous sentez que vous alignez des arguments qui ont servi à vous convaincre vous-même, méfiez-vous. Vous êtes peut-être dans une démarche trop égocentrée, peut-être donnerez-vous même l'impression de vous écouter parler. Vous aurez plus de chances de convaincre un interlocuteur en vous demandant plutôt ce que, à sa place, compte tenu de ce que vous savez de lui, il aimerait entendre.

Cependant, si vous souhaitez faire valoir votre opinion, dites-le et utilisez des formules de précaution comme « à mon avis », « à mes yeux », voire « dans mon livre à moi » si vous avez de l'humour, puis argumentez ensuite en fonction de votre interlocuteur (par exemple, si vous savez que votre interlocuteur aime le changement, rattachez ce que vous avez à dire à cette notion, en lui faisant valoir que votre projet va dans ce sens).

Tenez compte également du concept de **résonance.** Pour exercer une influence et vous attirer une décision favorable, votre prise de parole doit à la fois :

- donner la bonne impulsion selon le fil directeur que vous avez choisi ;
- fonctionner en appui ou en écho avec la logique, les croyances, les attentes de votre interlocuteur.

Vous saurez que vous avez réussi quand vous entendrez l'auditoire affirmer : « Il a dit tout haut ce que les autres pensaient tout bas ; c'est pour cela qu'il a été convaincant. » Preuve donc qu'il y a eu résonance. Vous entendrez aussi des commentaires en forme de compliment : « Il a su nous parler, il a su nous convaincre ». Bref, vous avez su faire la part des choses, avez trouvé le juste équilibre entre d'un côté ce que vous aviez vraiment à exprimer – et que vous avez su dire –, et de l'autre ce que l'interlocuteur ou l'auditoire était prêt à entendre, et voulait entendre.

Mais avant toute chose, vérifiez si votre intervention portera ses fruits. Posez-vous les questions suivantes :

- Mon intervention me sera-t-elle utile ?
- Servira-t-elle mes intérêts ?
- Dans ces termes et sous cette forme, mon intervention a-t-elle de bonnes chances d'être bien reçue ?

MÉMENTO

Devenez stratège

La notion de stratégie s'applique bien, même dans la communication de tous les jours, à toutes les situations à risque, notamment quand il s'agit de convaincre. Mais que veut dire « être stratège » ?

- C'est pratiquer une forme d'intelligence qui vous amène à prendre du recul, à évaluer les risques, à concevoir un plan B, à vous adapter au contexte et à ce que vous savez de votre interlocuteur ou de votre auditoire.
- C'est forcément calculer, vous montrer rusé, et même choisir de ne pas affronter (cela déclencherait des résistances) mais au contraire d'inciter.
- C'est faire participer votre interlocuteur ou votre auditoire. Pour convaincre lors d'une intervention brève, vous ne devez pas chercher à avoir raison à tout prix. Laissez plutôt l'autre faire un bout de chemin, comme si la conclusion à laquelle vous vouliez l'amener allait de soi. Vous réussirez plus souvent en faisant preuve de finesse plutôt qu'en employant la force.

SECTION 4

Mettez-vous à la place de votre interlocuteur

Contrairement à d'autres types d'échanges, la spécificité des interventions brèves tient à la réelle absence de dialogue. Tout l'enjeu pour vous est donc de trouver le discours qui aura le plus d'impact possible, dans l'espoir de déclencher une réaction favorable de votre public.

Préparez le terrain

Pour être sûr que votre discours s'adressera bien à votre public, rendez votre préparation plus active.

- *Prenez le pouls.* Sondez votre interlocuteur ou son entourage sans dévoiler votre propos ni votre demande. En travaillant très en amont, vous prenez la température de votre interlocuteur ou de votre auditoire. Ce sera bénéfique pour trouver non seulement la bonne forme et les meilleurs arguments, mais aussi le meilleur moment pour intervenir. Les communications rapides ont cette vertu de pouvoir s'adapter à des configurations insolites (ce qu'on appelle l'*elevator pitch*) et se faire aux moments propices.
- *Faites du lobbying.* Posez quelques jalons pour sensibiliser votre interlocuteur ou votre auditoire. Cela demande du tact, car il ne s'agit ni de dévoiler votre argumentation ni de précipiter le mouvement. Cependant, en procédant ainsi, vous éveillez l'attention de votre interlocuteur, ce qui devrait favoriser l'accueil de ce que vous avez à lui dire, à lui demander ou à lui proposer.

- *Osez lancer un ballon d'essai.* Pour faire mouche et augmenter vos chances d'aboutir, entreprenez des travaux d'approche discrets et prudents. Vous pourrez ainsi ressentir et capter les signaux subtils (crainte, désir, perplexité, bonne disposition…). Cette démarche d'anticipation pourrait à tort être considérée comme manipulatrice. Il ne s'agit pourtant pas de tromper votre interlocuteur, mais de trouver la meilleure manière de formuler votre propos pour être entendu. En cherchant à vous adapter le mieux possible aux autres, vous faites preuve d'une bonne sociabilité.

Tenez compte des autres

Après avoir bien travaillé le contenu de votre message, passez à l'étape suivante, soit celle qui consiste à adapter votre intervention à l'interlocuteur ou à l'auditoire, ce que vous n'aviez pas forcément à l'esprit lorsque vous avez construit la version idéale de votre discours.

Maintenant, confrontez votre préparation à l'épreuve de la mise en situation. Prenez en compte votre interlocuteur ou l'auditoire.

- *S'il s'agit d'un tête-à-tête avec une personne,* vous devez vous poser plusieurs questions :
  - Que savez-vous de votre interlocuteur ?
  - Dans quel état d'esprit particulier peut-il être ? Subit-il des influences ?
  - A-t-il une opinion connue sur l'objet de votre intervention ?
  - Est-il disponible, accessible, à l'écoute ?
  - Avez-vous déjà abordé le sujet avec lui ?
  - A-t-il un pouvoir de décision quant au sujet de votre intervention ?
  - Y a-t-il un contentieux entre vous ?
- *S'il s'agit d'un auditoire,* orientez-vous plutôt vers des questions complémentaires à la liste précédente (qui restent utiles pour une intervention publique) :

- L'auditoire est-il homogène ou hétérogène ?
- Qu'attend-il de vous ?
- Comment a-t-il été préparé à votre intervention ?
- Est-il influençable ? Y a-t-il des leaders à fort ascendant ?
- Avez-vous des alliés ou des détracteurs dans cet auditoire ?

CONSEIL PRATIQUE

Facilitez l'adhésion à vos projets

Imaginez qu'une personne manifeste une certaine réserve vis-à-vis du projet. Pour neutraliser au mieux les objections, votre présentation devra mettre en évidence :

- le sérieux de l'étude ;
- un engagement clair sur des échéances précises ;
- la caution d'un professionnel ou d'un expert.

En répondant à ces questions, vous réduisez les risques de frapper dans le beurre. Vous vous rapprochez des autres, vous les faites exister en pensant à eux ; mieux encore, vous vous mettez à leur place pour vous imprégner de leur logique et de leurs croyances.

Reprenez ensuite le fruit de votre préparation et demandez-vous :

- Mon message convient-il ?
- Mon interlocuteur ou mon auditoire est-il prêt à l'entendre ?
- Est-ce que ce message correspond à ses attentes ?

Finalement, bouclez votre travail de préparation en choisissant :

- les mots qui conviennent ;
- les arguments auxquels votre interlocuteur ou votre auditoire sera sensible ;
- le raisonnement qui peut le convaincre ;
- les faits ou les preuves les plus pertinents.

Faites participer votre public

Quand vous cherchez à convaincre en quelques minutes votre interlocuteur ou votre auditoire, celui-ci doit sentir que votre message s'adresse à lui, et à lui seul. Pour cela, vous disposez de ressources.

- *Faites exister votre interlocuteur dans votre discours.* Adressez-vous à lui et mettez-le en situation. Commencez, par exemple, par une accroche du type : « Vous avez constaté que nos clients se plaignent du temps d'attente aux caisses. Vous en avez sûrement parlé avec vos vendeuses... »
- *Interpellez votre interlocuteur.* Utilisez la formule question-réponse. Vous direz, par exemple : « Qu'attendez-vous de la formation d'aujourd'hui ? Vous pensez sûrement à des outils ou à des réponses concrètes. Mais la vraie réponse que vous attendez, c'est de la formation et des conseils pour mettre en pratique... »
- *Faites ressortir le bénéfice pour votre interlocuteur ou votre auditoire.* Ne cherchez pas à montrer que vous avez raison. Vous augmentez vos chances de convaincre quand vous réussissez à mettre en lumière les bienfaits pour votre interlocuteur. Ne craignez pas d'utiliser une tournure aussi directe que : « Le bénéfice que vous tirerez en déplaçant cette réunion au début du mois sera très tangible. Vos collaborateurs disposeront réellement de quatre semaines pour lancer le produit. Nous serons plus rapides que nos concurrents. Ce bénéfice est une opportunité que vous ne pouvez pas négliger. »

MÉMENTO

Anticipez les réactions de vos interlocuteurs

- Vos interlocuteurs peuvent être classés en catégories. Retenez les attitudes permettant de les différencier pour les reconnaître en situation :

Type d'interlocuteur	Signes permettant de les reconnaître
Indifférent	Manque d'intérêt évident, relative ignorance, faible disponibilité, peu ou pas de préparation
Perplexe	Doute, surprise, étonnement, incertitude, relative incompréhension
Favorable	Bonne disposition, accueil positif, attitude constructive, espoir, forte attente, envie
Sceptique	Critique, doute, peu de confiance, peu de participation
Hostile	Antagonisme, opposition, rejet, crainte

- Observez l'évolution des expressions faciales de vos interlocuteurs pendant votre intervention – sans toutefois perdre le fil de vos idées. Cela vous donnera des indications précieuses sur l'impact immédiat de votre exposé (intérêt croissant, mimique d'approbation, sourcils qui froncent, front qui se plisse...) que vous pourrez ensuite analyser, à tête reposée, au moment de votre bilan.

  Cette observation vous permet de moduler votre discours : être plus insistant, choisir un autre exemple, écourter une argumentation, renforcer une explication. Ce talent, bien représenté chez les grands communicateurs, se déploie en vous dès lors que vous prenez les autres en compte. Avec de l'entraînement et un peu de patience, vous pouvez augmenter votre capacité à vous adapter et à vous synchroniser. Parler juste, c'est un peu comme chanter juste : il faut travailler et retravailler l'oreille avant tout.

ET VOUS, OÙ EN ÊTES-VOUS ?

Tenez-vous compte de vos interlocuteurs ?

L'enjeu d'une intervention brève repose tout autant sur le choix des mots que sur l'anticipation des avis de vos interlocuteurs. Alors faites le point en répondant à ces questions par oui ou par non pour savoir si vous adaptez votre discours à votre public.

	Liste des situations	Oui	Non
1	Vous aimez avoir tout le temps raison.		
2	Vous pensez qu'il n'y a qu'une manière de convaincre quelqu'un.		
3	Vous pensez qu'on ne peut pas changer le point de vue de quelqu'un.		
4	Vous attendez le moment opportun pour intervenir.		
5	Vous saisissez la première occasion pour prendre la parole.		
6	Vous aimez faire pression, insister.		
7	Vous préparez le terrain, vous faites des sondages.		
8	Vous observez les autres pour savoir comment ils s'y prennent.		
9	Quand vous revenez à la charge, vous vous y prenez toujours différemment.		
10	Vous aimez y aller progressivement.		
11	Vous pensez qu'il faut oser être provocateur.		
12	Vous aimez déstabiliser votre interlocuteur.		
13	Vous avez tendance à brûler les étapes.		
14	Vous cherchez à montrer à l'autre qu'il a tort.		

Pour connaître le résultat de votre autoévaluation, reportez-vous à la page 133.

L'ESSENTIEL

Les interventions brèves nécessitent un réel travail de préparation en plusieurs étapes et il ne s'agit pas de confondre brièveté et improvisation.

1 PRÉPAREZ VOTRE INTERVENTION EN AMONT

Sélectionnez vos idées, mettez-les à l'épreuve en les comparant les unes aux autres. Habituez-vous à les manipuler pour être à l'aise le jour J.

2 PENSEZ À DES SCÉNARIOS DE COURTS MÉTRAGES

Envisagez divers scénarios afin de retenir celui qui rassemblera tous les suffrages. Faire court est un bel exercice qui vous oblige au fur et à mesure à clarifier le sens de votre message.

3 SCULPTEZ VOTRE PROPOS

Une fois listés les arguments les plus forts, mémorisez-les et entraînez-vous à dire votre discours à voix haute jusqu'à ce que l'enchaînement des idées vous paraisse fluide.

4 IMAGINEZ LE DISCOURS LE PLUS ATTRAYANT POUR VOTRE PUBLIC

Plus vous tiendrez compte des personnes à qui vous vous adressez, plus votre discours paraîtra pertinent et suscitera leur adhésion.

5 SOYEZ STRATÈGE

Votre intervention vous est-elle vraiment utile ? Mesurez votre responsabilité et vos risques.

6 FAITES PREUVE DE FINESSE

Ne lassez pas votre interlocuteur en voulant montrer à tout prix que vous avez raison.

NOTES PERSONNELLES

CHAPITRE 3

Structurer l'intervention

Les 3 objectifs du chapitre

1. Bien amorcer la communication
2. Trouver les bonnes accroches
3. S'assurer d'une logique irréprochable

SECTION 1

Défendez vos idées avec netteté

Toute présentation express nécessite une construction rigoureuse afin de recueillir, sept minutes plus tard, un avis favorable. Pour être convaincant devant votre interlocuteur, vous devez agencer les idées que vous avez recensées (voir chapitre 2) ; il s'agit de la deuxième phase de la préparation : la mise au point définitive de votre intervention.

Suscitez l'intérêt de votre interlocuteur

En peaufinant dès à présent votre propos – en matière d'amorce, d'accroche, d'argumentation, d'interactivité et de conclusion –, vous augmenterez l'impact de votre intervention.

- *Commencez par une amorce attrayante.* Pour capter l'attention de votre interlocuteur, il est fondamental d'amorcer votre intervention par des mots positifs, tels que « bien » ou « bon », suivis d'un bref silence et d'un regard appuyé. Cet ensemble de signaux produira son effet : vous montrerez ainsi à votre auditeur que vous êtes prêt à énoncer des idées réfléchies et bien construites et que vous sollicitez donc une écoute attentive de sa part.
- *Trouvez une accroche positive.* Poursuivez par une formule-choc bien travaillée, claire, pertinente : le slogan de votre intervention. Ce slogan ne doit pas être improvisé (voir chapitre 3, section 2). Votre accroche sera réussie si elle intrigue votre interlocuteur, frappe son esprit, le surprend – si possible –, et donc s'impose à

lui. Ne la négligez pas, car vous jouez gros avec cette déclaration en forme d'entrée en matière.

Déroulez vos arguments en restant diplomate

Vous avez sollicité l'attention de votre interlocuteur, il est donc en droit d'attendre une argumentation solide. D'où l'importance de bien vous être imprégné de vos idées (voir chapitre 2, section 1).

- *Ayez une argumentation solide.* Pour faire passer vos idées, ne soyez ni approximatif ni abstrait :

  – illustrez votre argumentation par des exemples ;

  – présentez des faits mais également des chiffres dès que cela vous est possible ;

  – introduisez vos idées par des mots de liaison ou de présentation (« L'idée principale est… », « Mais… », « Cependant… », « En conséquence… ») ;

  – mettez en avant un avantage, une conséquence, un résultat favorable ; votre argumentation doit avoir valeur de promesse, être perçue par l'autre comme un bénéfice potentiel. N'oubliez pas que vos arguments doivent avoir du sens pour l'autre et non seulement pour vous, car votre objectif n'est pas de prouver à l'autre que vous avez raison ;

  – veillez à ce que votre promesse soit fiable et adaptée à l'auditoire ou à l'interlocuteur (voir chapitre 2, section 4) ;

CONSEIL PRATIQUE
Composez de bons slogans

Entraînez-vous aux phrases percutantes. Elles doivent accrocher votre interlocuteur, l'intriguer et l'interpeller. Voici quelques exemples de phrases accrocheuses qui peuvent vous inspirer selon les contextes :

- La mission que vous m'aviez confiée s'est bien terminée et m'a fait découvrir trois choses.
- Le projet a pris du retard, mais cela nous a permis de mettre le doigt sur un problème non résolu à ce jour.
- Les clients nous en demandent plus, mais ce n'est pas ce que nous avions imaginé.
- Nous avons découvert de nouvelles opportunités en rendant visite à nos partenaires.
- Le travail a été accompli, mais nous avons appliqué des méthodes différentes de nos prévisions.
- Il nous a manqué une information pour satisfaire la demande de nos collègues.

– assurez-vous que l'enchaînement de vos arguments paraisse logique. Ne cherchez pas à employer des transitions trop littéraires. Les mots « or » et « donc » sont plus toniques à l'oral, car ils permettent une insistance oratoire. Vos conclusions n'en paraîtront que plus évidentes pour votre public.

- *Interpellez votre interlocuteur de façon à obtenir sa coopération.* Travailler en coopération permet d'aller plus loin :

  – prenez en compte votre interlocuteur en le sollicitant, en le faisant exister dans son propre discours, en l'interpellant par des formules telles que : « Vous avez certainement constaté… » ou « On vous a fait remarquer… » ;

  – soyez diplomate : invitez-le à vous aider, car vous avez besoin de lui ;

  – soyez habile : montrez avant tout que votre requête l'intéressera, qu'elle le concerne, mais que c'est ensemble que vous pourrez faire quelque chose ;

  – montrez le profit mutuel de votre idée, de votre projet, de votre suggestion ;

  – valorisez votre interlocuteur ; votre travail de préparation en amont vous a fourni quelques clés pour définir à quoi il est sensible et ce qu'il peut vous apporter : c'est le moment d'aligner vos arguments les plus pertinents.

- *Concluez par une question franche.* Il est important de terminer votre intervention sur un temps fort : résumez de façon claire et concise votre requête. À ce moment précis, vous ne devez pas avoir le moindre doute sur l'issue positive de votre demande. Pour cela, recourir à un verbe est une excellente technique. Votre question doit être franche et sincère afin que votre interlocuteur ait envie d'en savoir plus. Dans le cas d'un argumentaire accéléré dans un ascenseur, par exemple, où vous essayez de décrocher un rendez-vous avec le directeur général de votre entreprise, votre dernière parole pourra être : « Pourrons-nous nous voir plus longuement la semaine prochaine ? » Le type d'accord que vous pouvez obtenir en sept minutes sera au mieux un assentiment immédiat, au pire un report de la date proposée pour une présentation approfondie de votre projet.

CONSEIL PRATIQUE

Faites comme les journalistes

Dans la presse écrite, les journalistes soignent le début et la fin de leurs articles pour maintenir l'attention de leurs lecteurs. Vous devez procéder de même dans un discours oral. Aussi, veillez à rythmer votre présentation, en commençant par un argument plus fort à insérer entre vos arguments plus faibles, avant de conclure par votre argument qui pèse le plus lourd.

ET VOUS, OÙ EN ÊTES-VOUS ?

Comment organisez-vous vos idées ?

Faites le point sur vos pratiques en cochant pour chaque phrase proposée la réponse qui reflète le mieux vos habitudes lors de vos interventions.

	Quelles sont vos habitudes à l'oral ?	Toujours	Souvent	Rarement
1	Quand vous abordez quelqu'un, vous ne faites jamais attention aux premiers mots que vous prononcez.			
2	Vous maîtrisez plutôt mal vos entrées en matière.			
3	Pendant votre intervention, vous pensez en même temps que vous parlez.			
4	Vous n'avez pas l'impression que votre discours progresse selon les étapes que vous avez préparées.			
5	Quand vous prenez la parole, vous avez seulement un souvenir diffus de votre préparation.			
6	Vous avez l'impression d'avoir trop de choses à dire pour le temps prévu.			
7	Une fois face à votre interlocuteur, vous ne savez plus très bien où vous voulez en venir.			
8	Vous n'êtes pas vous-même convaincu par vos propos.			
9	Vous avez tendance à oublier votre auditoire ou votre interlocuteur pendant votre intervention.			
10	Vos arguments vous viennent à l'esprit dans le désordre.			
11	Vous avez tendance à vous répéter tout au long de l'intervention.			
12	Vous perdez vos moyens, oubliez vos arguments au fur et à mesure de votre intervention.			
13	Votre conclusion ne vous paraît pas très pertinente.			
14	Vous oubliez d'utiliser des transitions.			
15	Vous revenez parfois en arrière pendant votre démonstration.			

Pour connaître le résultat de votre autoévaluation, reportez-vous à la page 134.

SECTION 2

Trouvez les accroches qui captiveront

L'entrée en matière d'une intervention brève est déterminante : elle doit attirer une attention favorable. C'est pourquoi elle mérite d'être travaillée au mot près, ciselée, testée. C'est votre tremplin pour avancer un raisonnement argumenté.

Dévoilez votre idée phare

Reprenez le scénario que vous avez retenu comme étant le meilleur (voir chapitre 2, section 2). Vous allez maintenant affiner la phrase centrale de votre discours.

- *Frappez fort l'esprit.* Selon le principe originel de l'argumentaire accéléré (trente secondes pour convaincre dans l'ascenseur), vous avez peu de temps pour être convaincant :
  – l'accroche doit tenir en une seule phrase et frapper la cible ;
  – votre déclaration ne doit rassembler que quelques phrases pour étayer une seule idée ;
  – vous ne devez faire passer qu'une seule idée par intervention (gardez cette règle fondamentale à l'esprit) ;
  – votre idée doit être reçue comme une évidence par votre interlocuteur ;
  – pour vous préparer efficacement, posez-vous donc la question suivante : comment puis-je obtenir l'assentiment de mon interlocuteur ou de mon auditoire ?

- *Choisissez des faits qui illustrent votre idée.* Cela étaie vos propos :
  – ne retenez que des faits qui imposent votre idée phare ;
  – choisissez des faits qui s'imposent à l'autre ;

CONSEIL PRATIQUE

Comment obtenir l'assentiment de votre public?

En vous basant sur le mode de pensée de votre interlocuteur ou public, vous pouvez faciliter son adhésion à votre discours. Son mode de pensée peut ainsi favoriser :

- les idées ;
- les méthodes ;
- les facteurs humains ;
- l'action.

Si votre discours tient compte du mode de pensée du groupe, vous déclencherez de l'empathie à votre égard.

– faites des constats qui faciliteront l'accueil de votre raisonnement argumenté ;

– assoyez votre crédibilité sur des constats. Ne vous engagez que sur des faits que vous avez vérifiés. Même chose si vous abordez des questions de planification. Validez au préalable toutes les dates auprès de tous les maillons de la chaîne.

Exposez les faits essentiels

Le secret d'une intervention brève réside aussi dans sa simplicité. Même si vous devez captiver l'attention de votre interlocuteur, vous devez aller à l'essentiel.

- *Allez-y de façon simple et juste.* Dans une présentation courte, concision et justesse doivent gouverner votre propos. Mais utiliser une formule-choc ne veut pas dire tomber dans l'exagération. Pour faire le bon choix de la phrase d'accroche, retenez :
  – la phrase la plus évidente ;
  – la phrase la plus simple ;
  – la phrase la plus crédible aux yeux de votre interlocuteur ;
  – la phrase la plus crédible à vos yeux ;
  – la phrase qui vous semble le plus en résonance avec la logique et les croyances de votre interlocuteur ou d'une grande partie de votre auditoire.

- *N'exposez pas tous les faits.* En vous préparant, vous découvrirez qu'il est difficile de ne pas tout dévoiler. Vous lutterez contre les écueils en pensant à la plaidoirie de l'avocat : il ne doit dire que ce qui doit être retenu, les faits majeurs... pour défendre son client.

- *Recourez aux métaphores*. Pour frapper les esprits, rien ne vaut une bonne analogie ou le recours aux métaphores. Pour réussir votre communication, respectez quelques conditions :

  – préparez-les : vous n'inventerez pas une bonne métaphore pendant votre intervention ;

  – testez-les avant, afin de vous assurer qu'elles ne seront pas mal interprétées (rien n'est pire qu'une métaphore que personne ne comprend) ;

  – n'en abusez pas : une seule métaphore devrait amplement suffire à asseoir votre propos ;

  – privilégiez sa valeur explicative : par exemple, pour parler d'un projet difficile, dites : « Nous aurons quatre cols à franchir » ;

  – n'utilisez pas d'images usées : parcours du combattant, jeter le bébé avec l'eau du bain, se rattraper aux branches, prêcher dans le désert, faire l'autruche, les murs ont des oreilles, arriver après la bataille… Faites un petit effort, soyez original !

CONSEIL PRATIQUE

Pratiquez l'art de la formule

Certains orateurs ont le sens de la formule et certaines phrases clés de leurs discours sonnent comme des citations de grands auteurs. Leurs formules, ce sont des pensées ramassées, courtes, bien équilibrées, avec un rythme.

- Martin Luther King, pasteur américain du milieu du XXe siècle : « I have a dream. » (« Je fais un rêve. »)
- Talleyrand, homme politique français du XIXe siècle : « Une bonne question est plus efficace qu'un bon argument. »
- Serge Bouchard, anthrolopogue québécois : « Si vous croyez que l'éducation ne sert à rien, essayez l'ignorance. »
- Gérard Houllier, entraîneur français de football : « Je ne savais pas qu'il fallait avoir été cheval pour être un bon jockey. »
- Gracchus Babeuf, révolutionnaire français du XVIIIe siècle : « Il n'y a que la pratique qui puisse perfectionner la théorie. »

SECTION 3

Choisissez les mots qui frapperont la cible

Vos mots jouent un rôle considérable dans l'impact de vos propos : certains ouvrent des portes, d'autres gênent ou peuvent être blessants. En sept minutes, vous utiliserez environ 1000 mots. Il est donc capital que vous choisissiez ceux qui vous permettront d'obtenir l'adhésion à vos propos.

Pesez le choix des mots

Après avoir suscité l'attention de votre auditoire et trouvé une argumentation solide, prenez le temps de vous pencher sur tous les mots de votre discours. Sont-ils tous **porteurs de sens** ?

- *Insufflez de l'énergie dans votre discours.* L'emploi de certains mots peut libérer, gratifier, frapper l'imagination ou toucher la sensibilité de l'auditoire. Les mots sont porteurs de sens bien précis et peuvent mener à la mobilisation des énergies, à l'adhésion de votre interlocuteur. Ils trouvent leur force selon le contexte dans lequel ils sont prononcés. Ainsi, quand vous vous adressez à :
  - des jeunes, le mot « espoir » s'impose ;
  - des personnes âgées, vous évoquerez la tranquillité ;
  - des dirigeants, le terme « pérennité » a du sens ;
  - des champions sportifs, le mot « estime » est approprié.

- *Choisissez des mots porteurs de sens.* Vos mots sont la marque de votre pensée. Dans la conversation courante, seulement 20 % des mots que vous utilisez sont véritablement signifiants. Les 80 % restants sont constitués de :

– mots bouche-trous (« en réalité, apparemment, horriblement, honnêtement, franchement, vraiment, tout à fait, entièrement... ») ;

– phrases de liaison, agrégats de phrases toutes faites, proches du dialogue. Or, ces expressions polluent votre discours : « Je pense, n'est-ce pas, je voudrais dire, je voulais dire ».

En 1 000 mots et en sept minutes, tous vos mots comptent. Alors interdisez-vous les échappatoires telles que :

– Je suis désolé, ce n'est pas ce que je voulais dire.

– Les mots ont dépassé ma pensée.

– Je me suis mal fait comprendre.

- *Évitez le langage écrit trop littéraire*. Vous allez parler en public, pas réciter un traité académique. Tout comme dans votre accroche, vous devez rechercher la sobriété. Abstenez-vous d'utiliser un langage écrit trop phrasé avec des formules telles que : « Vous devrez vous efforcer de trouver les moyens de réduire nos frais généraux... » Adoptez le langage oral, plus direct. Utilisez des mots que tous comprennent.

Mobilisez votre auditoire

Les mots que vous utilisez sont également révélateurs de votre état d'esprit et de votre force de persuasion. Présenter vos idées de manière concise, ce n'est pas vouloir montrer à tout prix que vous avez raison et que l'autre a tort. Alors, suivez ces quelques conseils pour mobiliser votre auditoire.

- *Rassemblez vos troupes avec le pronom « nous »*. Pour convaincre et susciter l'adhésion, préférez l'emploi du pronom « nous » à tout autre choix, et ce, durant toute votre intervention :

  – si vous dites « on » ou « personne », cela revient au même ! L'emploi du pronom « on » protège et sauve les apparences (« on n'a pas su trouver la solution ; on fera mieux la prochaine fois... ») ;

CONSEIL PRATIQUE

Soyez sûr de vous

N'abusez pas de l'adjectif « petit » dans vos discours. Prenez conscience de l'interprétation faite par votre interlocuteur :

- « Je serai un petit peu en retard » : c'est apporter à votre interlocuteur la preuve que vous culpabilisez.
- « J'ai juste un petit peu de temps à vous consacrer » : c'est apporter la preuve que vous êtes stressé, que vous n'êtes pas à l'aise.

Quand vous n'avez que quelques minutes pour convaincre, il est absurde de commencer à s'en plaindre.

– si vous dites « on », vous vous déresponsabilisez. Vous n'assumez pas ce que vous dites. Votre discours perd alors en efficacité et en impact ;

– si vous dites « je », cela vous rend agaçant et vous transforme en cible. Le but de votre intervention est de faire partager une opinion, une décision ou une analyse à votre interlocuteur. Vous camper sur le « je » vous attirera des objections : le « je » offensif déclenche le « vous » défensif. S'imposer en mettant en avant son ego suscite l'opposition et la confrontation, voire la polémique et la surenchère ;

– si vous dites « nous », l'adhésion est plus rapide : vous associez immédiatement les autres à votre projet, à votre demande, à votre nouvelle idée. Ce pronom vous engage dans un projet commun ; il stimule la combativité : « Nous savons que nos clients attendent une nette amélioration en ce qui a trait à nos délais de livraison. Notre effort s'est traduit par un recul de 5 % des réclamations. Notre plan d'action démarrera le 15 juin… »

- *Engagez-vous avec des affirmations positives.* Gardez-vous d'être négatif :

– quand vous ne voulez pas insister sur quelque chose mais que vous dites « Je ne voudrais pas trop insister sur ce fait, mais… », vous faites exactement le contraire : vous niez ce que vous pensez affirmer ;

– quand vous ne voulez pas avouer quelque chose, faites attention à la construction de vos phrases. Ne dites pas : « Je ne regrette pas d'avoir accepté ce poste… » Mieux vaut vous engager clairement et dire : « J'insiste sur… » et « J'apprécie ce poste… »

- *Utilisez les modes et les temps adéquats.* Tous n'ont pas le même effet :

  – n'employez pas le conditionnel : « J'aurais souhaité, j'aurais préféré, j'aurais aimé, j'aurais voulu... » Dans tous les cas, ces formulations sont dévalorisantes : elles révèlent un sentiment d'infériorité, véhiculent un sentiment d'échec, d'impuissance ou de réprobation ;

  – osez vous affirmer simplement en conjuguant les verbes au présent : « Je souhaite vous présenter... », « Je désire te parler de... », « Je veux exprimer ici... » ; vous serez plus convaincant qu'avec « J'aimerais bien... ».

Engagez vos actions

Le verbe « essayer » évoque un comportement d'évitement, pas d'engagement. Le verbe « s'efforcer » est également à proscrire : « Je vais essayer de réfléchir », « Nous allons nous efforcer de résoudre les pannes ».

En effet, essayer, c'est seulement faire semblant, c'est une posture de contenance. Imaginez qu'un pilote d'avion annonce qu'il va « essayer d'atterrir » ou qu'un chirurgien déclare qu'il « va essayer de vous opérer » ! Non : eux, ils atterrissent et ils opèrent. Alors, agissez !

MÉMENTO

Le pronom à privilégier pour recueillir l'adhésion

Nous ⇨ Votre interlocuteur adhérera rapidement à votre idée.

On ⇨ Vous vous déresponsabilisez.

Je ⇨ Cela risque d'oppresser votre interlocuteur.

SECTION 4

Soyez logique pour être convaincant

Convaincre, c'est utiliser des faits, faire appel au raisonnement et développer les idées dans un ordre clair et acceptable jusqu'à une ou des conclusions. Si vous avez quelques minutes pour convaincre, vous devez vous en tenir au b.a.-ba de la logique.

Construisez vos démonstrations

Pour être convaincant en un temps record, adoptez des principes simples pour présenter vos idées.

- *Pratiquez le principe de la raison suffisante.* Il y a une raison suffisante à toute chose, et c'est l'argumentation la plus simple, celle que met en avant l'avocat pour disculper un accusé. Avant de vous lancer dans une démonstration, trouvez le pivot de votre argumentation (en lien avec le mot phare trouvé pendant la phase de la préparation), le principe de causalité.
- *Recourez au principe de contradiction.* Pour démontrer vos conclusions, vous pouvez bâtir votre argumentation sur le principe

CONSEIL PRATIQUE

Comment appliquer le principe de la raison suffisante ?

Mettons que vous voulez montrer que la formation doit être accentuée dans votre entreprise et que la réussite passe par une vraie politique de formation. Pour construire votre argumentation, vous devez chercher des causes solides qui justifient votre conclusion.

Ainsi, vous serez convaincant en disant : « Le nouveau service de maintenance a recruté de jeunes collaborateurs qui ont tous bénéficié d'une formation intensive de trois mois, en alternance. L'indice de satisfaction de nos clients a progressé de 7 % au cours de la même période. C'est pourquoi l'effort de formation est nécessaire : il est une raison suffisante pour provoquer des progrès immédiatement mesurables. »

qu'une chose ne peut être en même temps son contraire. Cela pourra être utile notamment pour votre conclusion. Par exemple, vous voulez démontrer que l'efficacité de vos collaborateurs était plus grande avant la réorganisation du service. En effet, avant celle-ci, la délégation des tâches leur assurait une grande autonomie. Une plus grande centralisation a été mise en place, ce qui est contradictoire avec l'autonomie amenant efficacité et responsabilisation. Bref, vous ne pouvez pas centraliser et en même temps parier sur la responsabilisation et l'autonomie de chacun.

POUR ALLER PLUS LOIN

Les ressorts cachés de la persuasion

Ce qui persuade n'est pas toujours ce que vous croyez. Le sens est parfois porté par des mots anodins : c'est le cas de certains mots de liaison ordinaires qu'on appelle des connecteurs :

- le connecteur « parce que » est un introducteur d'arguments ;
- les connecteurs « donc » et « en conséquence » sont des introducteurs de conclusions ;
- les connecteurs plus efficaces pour les démonstrations, parce qu'ils ont le plus d'impact à l'oral, sont « or » et « donc ».

D'autres connecteurs jouent des rôles très importants dans la persuasion (malgré, puisque, justement, étant donné que, par conséquent, comme...). Attention cependant à l'emploi du connecteur « mais » qui peut induire des conclusions contradictoires :

- dans l'énoncé « ce restaurant est bon mais cher », le connecteur « mais » induit plutôt « n'y allons pas » ;
- dans l'énoncé « ce restaurant est cher mais bon », le même connecteur induit plutôt « allons-y quand même ».

Articulez votre argumentation

Pour être efficace, votre argumentation doit respecter un certain nombre d'étapes. La logique de vos propos doit apparaître clairement à vos interlocuteurs.

- *Liez les informations entre elles.* Trop souvent, quand une personne prend la parole, vous pouvez avoir l'impression qu'elle aligne les idées bout à bout. L'action perd alors en force persuasive, car le public ne voit pas où l'interlocuteur veut en venir ni le lien entre les idées.

- *Raisonnez par syllogisme.* Le syllogisme est une opération qui consiste à relier des phrases entre elles à l'aide de « or » et « donc » :

  – il permet de dérouler simplement une logique jusqu'à sa conclusion. Ainsi, avec le syllogisme, vous reliez une partie à un tout afin d'établir une vérité concernant celle-ci. Par exemple : « Les choses compliquées sont peu efficaces. Or, le Code du travail est particulièrement compliqué. » Donc, les décisions qui en découlent sont délicates à appliquer ;

  – pour une démonstration encore plus efficace, étayez votre raisonnement par des exemples ou des faits en personnalisant les constatations (« Comme vous l'avez observé, les choses compliquées sont... »). Par exemple : « L'organisation des réunions de bilan a été prématurément stoppée. Or, nous devions faire le bilan en fin d'année (poursuivez en obtenant l'accord : « Comme vous le savez ou l'avez constaté, n'est-ce pas ? »). Donc, il est nécessaire de les remettre en place. » C'est logique : par cette insertion, vous validez et renforcez la conclusion.

POUR ALLER PLUS LOIN

Faites provision de topoïs !

Le mot « topoï » (topoïs au pluriel) est emprunté au grec et correspond au latin *locus camunis,* d'où est issu le terme français « lieu commun ».

Dans le discours argumentatif, les topoïs représentent des concentrés de sagesse populaire, d'idées reçues difficilement réfutables qui permettent d'étayer un raisonnement (« on ne peut pas tout savoir » ; « il y a des choses prioritaires dans la vie » ; « on ne peut pas réussir à tous les coups » ; « ce qui est nouveau est toujours digne d'intérêt »).

Certains énoncés s'apparentant à des topoïs entraînent des conclusions un peu rapides : il s'agit donc de s'en méfier. Par exemple :

- « Ce restaurant est vraiment trop cher » signifiera : « Surtout n'y allez pas » ;
- « Le lundi matin, je ne trouve jamais de taxi » pourrait signifier que vous souhaitez que quelqu'un vienne vous chercher ;
- Dire en réunion que vous avez faim sous-entend que vous avez hâte qu'on y mette fin.

MÉMENTO

Les deux choix possibles pour une argumentation

1er choix : la loi de passage

L'Américain S. E. Toulmin a analysé le processus argumentatif minimal applicable à toute intervention orale brève ayant pour but de convaincre :

Il a gelé au mauvais moment. (argument 1)

Les raisins ne seront pas de bonne qualité. (conséquence de l'argument 1)

Loi de passage (l'énoncé qui convainc doit être dit, ce qui permet de comprendre et d'admettre la conséquence) : Nous savons que le gel détruit les raisins.

La loi de passage permet de passer plus aisément d'une idée à l'autre et donc de comprendre comment vous aboutissez à votre conclusion. La loi de passage peut être avantageusement introduite par l'expression « Nous savons que... ». Pour être convaincant, utilisez-la pour renforcer vos argumentations quotidiennes.

2e choix : l'argumentation en 5 phases

L'argumentation peut être étoffée avec le recours à une garantie (la loi de passage) et à une réserve (pour la conclusion). Ce type d'argumentation plus complexe se décompose en cinq étapes. Privilégiez ce type d'argumentations pour vos interventions brèves à forts enjeux :

1. Prémisse
Des travaux ont été effectués dans votre immeuble.

4. Conclusion
Votre loyer sera donc augmenté.

2. Loi de passage
Or, le locataire doit prendre en charge sa part de frais.

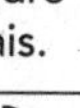

3. Garantie
En vertu de telle loi ou de tel décret.

5. Réserve
À moins que le propriétaire décide de ne pas demander d'augmentation.

ET VOUS, OÙ EN ÊTES-VOUS ?

Quelle est votre logique ?

1. Pour être convaincant, il est nécessaire que votre argumentation paraisse logique à votre auditoire. Faites le point sur votre logique en répondant oui ou non aux questions suivantes.

	Quelle est votre logique ?	Oui	Non
1	Vous aimez raisonner.		
2	Argumenter est pour vous un jeu.		
3	Vous avez toujours le souci d'être cohérent.		
4	Vous adorez faire des déductions.		
5	Vous cherchez régulièrement à améliorer votre argumentation.		
6	Vous prenez plaisir à chercher l'argument essentiel.		
7	Quand un raisonnement n'est pas logique, vous l'abandonnez.		
8	Vous aimez rechercher des faits pour donner de la crédibilité à ce que vous dites.		
9	Prouver ne vous fait pas peur.		
10	Vous adorez écouter des avocats.		
11	Vous regardez beaucoup les débats télévisés.		
12	Vous cherchez à comprendre pourquoi telle personne prend l'avantage dans une discussion.		
13	Vous trouvez vite la faille dans un raisonnement.		
14	Vous avez le sens de la répartie.		
TOTAL			

2. Construisez un raisonnement logique en trois parties puis en cinq parties, pour aboutir logiquement aux conclusions suivantes ou à leur contraire (faites les schémas) :

a) Il convient de renforcer les limitations de vitesse sur les routes.

b) L'apprentissage des langues vivantes doit être obligatoire dès le préscolaire.

c) Une expérience professionnelle à l'étranger est nécessaire.

Pour connaître le résultat de votre autoévaluation, reportez-vous à la page 135.

L'ESSENTIEL

Pour convaincre en sept minutes, votre intervention doit être parfaitement structurée, cohérente, appuyée sur des faits. Vous devez employer le mot juste et y associer le plus possible votre interlocuteur ou votre auditoire.

1 PEAUFINEZ L'ARTICULATION DE VOTRE INTERVENTION

Concevez votre intervention en cinq étapes : amorcer, accrocher, argumenter, solliciter, inviter.

2 CHERCHEZ DES SLOGANS, DES ACCROCHES

Travaillez vos phrases clés pour en faire des slogans de façon à interpeller votre public.

3 RASSEMBLEZ VOS ATOUTS

Choisissez vos mots, privilégiez les bonnes métaphores, ciselez vos formules, éliminez ce qui est superflu. Ne gardez que ce qui est fort et pertinent.

4 FAITES EXISTER VOTRE INTERLOCUTEUR

Utilisez le « nous » et le « vous » pour associer votre auditoire à votre intervention.

5 SOYEZ LOGIQUE

Surtout, soyez d'une logique rigoureuse. Ce que vous démontrez doit être clair et rigoureux ; étayez votre raisonnement par des faits. Saupoudrez votre discours de mots de liaison adéquats.

NOTES PERSONNELLES

CHAPITRE 4

Mettre le corps en tension

Les 3 objectifs du chapitre

1. Apprendre à vaincre le stress
2. Moduler sa respiration et sa voix
3. Adopter la bonne posture

SECTION 1

Gérez votre stress et votre trac

Savoir que vous n'avez que sept minutes pour convaincre est en soi un important facteur de stress. Apprendre à gérer vos émotions dans les moments qui précèdent votre brève intervention est crucial.

Refoulez vos pensées négatives, soyez objectif

Si vous pensez que vous raterez tout, vous augmentez vos risques d'échec. Prenez conscience que votre trac et votre stress sont liés en partie à la crainte imaginée d'un refus immédiat de votre interlocuteur.

Avant d'aborder votre interlocuteur, il se peut que vous sentiez monter l'anxiété. Celle-ci déclenche des pensées automatiques négatives qu'il faut limiter, car ce ne sont que des croyances qui vous trompent sur la réalité :

- Ces pensées se concentrent uniquement sur le danger et sur ce qui va mal.
- Elles vous poussent à tout exagérer : par exemple, vous percevez la poignée de main énergique de votre interlocuteur comme l'expression d'un défi.
- Elles vous incitent à vous croire responsable des événements qui se produisent (par exemple : un peu de brouhaha dans l'auditoire vous fait croire que vous êtes en train d'échouer, alors que ce n'est qu'un retardataire qui vient d'arriver).

• Elles vous font penser à une catastrophe imminente dès que vous avez oublié de citer un exemple : cela vous amène à penser que votre intervention sera ratée.

Pour aborder cette situation avec plus de sérénité et tous vos moyens, **soyez plus objectif.** En appliquant les **6 conseils** suivants, vous ne jugerez plus la réalité sous le seul éclairage de vos croyances immédiates et négatives. Bien sûr, votre intervention comporte des risques, mais vous évaluerez avec lucidité vos nombreuses chances de réussite :

1. Observez les effets que le trac et le stress produisent sur vous (effroi, malaise, sentiment d'échec).
2. Cherchez les raisons pour lesquelles vous pourriez avoir le trac : mauvais moment, manque d'empathie réputée de votre interlocuteur, agacement, souvenir désagréable d'un précédent…
3. Regardez les choses sous un angle favorable : vous avez bien préparé votre intervention, vous savez que votre interlocuteur sera sensible aux arguments financiers de votre offre, il a déjà donné suite à des demandes de votre part…

POUR ALLER PLUS LOIN

Qu'est-ce que le trac ?

Pour les médecins, le trac est une forme d'anxiété de performance et, pour les psychologues, le trac est à classer parmi les phobies sociales. Prendre la parole pour une intervention brève dans le but de convaincre constitue une cause classique de déclenchement du trac. Il y a des raisons à cela :

- Le trac est un réflexe conditionné qui s'est installé dès l'enfance. Vous avez peur de parler parce que vous avez peur d'être jugé par les autres.
- Le trac est un sentiment de vulnérabilité : vous voulez être parfait.
- Le trac découle d'une névrose d'échec (la peur d'échouer vous est insupportable) et procède du sentiment de culpabilité (en lien souvent avec les excès des attentes parentales en matière de réussite).

Le trac est dangereux, car il est inhibiteur. Il se manifeste par :

- des pensées négatives concentrées sur le danger, le risque, la peur d'échouer, le sentiment d'une contrainte ;
- des symptômes physiques : palpitations, troubles respiratoires, transpiration, vertiges, tremblements, bouche sèche ;
- des comportements d'évitement.

4. Concentrez-vous sur votre désir de réussite : vous vous sentez plein d'énergie, vous avez envie d'avancer, vous appréciez la franchise de votre interlocuteur, vous savez que d'autres occasions se présenteront si jamais votre intervention n'était pas concluante cette fois-ci.
5. Prenez du recul : imaginez comment quelqu'un d'autre analyserait la situation : un ami, votre patron, un formateur, un collègue...
6. Relativisez : quoi qu'il arrive, ce soir, vous vous détendrez au théâtre avec des amis.

Préparez-vous mentalement

Pour vous préparer mentalement de manière efficace, habituez-vous à pratiquer la **visualisation.** Cette technique est particulièrement bien adaptée à la préparation d'interventions courtes, car vous pouvez vous imaginer toute la durée de celle-ci.

Pour en ressentir tous les bienfaits, livrez-vous à cet exercice avant votre intervention (tout autant deux jours qu'une heure avant). Pour visualiser votre intervention, respectez les étapes suivantes :

- Installez-vous au calme et relaxez-vous.
- Imaginez, comme dans un film, le cadre, le contexte, les personnages de votre intervention.
- Relaxez-vous en respirant profondément.
- Évaluez votre état de tension : cernez les pensées négatives qui vous viennent à l'esprit.
- Murmurez votre texte les yeux fermés en vous appuyant sur les moments clés que vous avez préparés (amorces, transitions, arguments).
- Imaginez les réactions favorables de votre interlocuteur ou de votre auditoire.

- Réévaluez votre état de tension : après cette visualisation, vos pensées négatives sont moins nombreuses.
- Détendez-vous avant de revenir à la réalité.

En procédant ainsi régulièrement, vous envisagez tous les risques ; vous augmentez aussi sensiblement votre efficacité, parce que vous vous projetez dans la réussite.

POUR ALLER PLUS LOIN

Qui utilise la visualisation mentale ?

Les techniques de visualisation mentale sont utilisées dans le domaine du sport, en particulier ceux qui font appel à la précision du geste. Les joueurs de tennis, les sauteurs, les lanceurs, les plongeurs acrobatiques mais aussi les pilotes de course bénéficient des conseils de spécialistes et deviennent par la suite autonomes pour mettre en pratique ce type de préparation. Avant que la visualisation mentale ne soit une méthode reconnue, beaucoup d'artistes de cirque (acrobates, jongleurs) tiraient déjà intuitivement profit de cette forme de concentration avant l'effort.

ET VOUS, OÙ EN ÊTES-VOUS ?

Évaluez votre trac.

Répondez en toute sincérité à chacune de ces questions. Cochez la réponse correspondant le mieux à votre état d'esprit.

	Questions	*Jamais*	*Parfois*	*Souvent*	*Toujours*
1	Vous avez peur qu'on vous juge.				
2	Vous pensez qu'il y a chez vous quelque chose que l'autre n'aime pas.				
3	Vous croyez que vous ferez beaucoup d'erreurs.				
4	Vous percevez l'autre comme un ennemi.				
5	Vous cherchez tout ce qui pourrait vous éviter une situation gênante.				
6	Vous sentez que votre fréquence cardiaque s'accélère, et cela vous inquiète.				
7	Vous avez peur d'oublier ce que vous avez à dire.				
8	En général, vous avez le sentiment de ne pas avoir assez préparé votre intervention.				
9	Vous n'aimez pas les situations où vous devez convaincre quelqu'un.				
10	Vous avez l'impression de ne pas être capable de vous adapter s'il y a un contretemps.				
11	Vous pensez que votre interlocuteur aura toujours quelque chose à critiquer.				
12	Vous avez peur d'ennuyer votre auditoire.				
13	Quand vous commencez une intervention, vous n'êtes plus sûr de savoir ce que vous avez à dire.				
14	Avant même de parler en public, vous savez que vous serez mauvais.				
15	Vous craignez d'être tendu durant toute l'intervention.				

Pour connaître le résultat de votre autoévaluation, reportez-vous à la page 135.

SECTION 2

Apprenez à gérer votre respiration

Au-delà de votre gestion du trac et du stress, vous gagnerez en bien-être dans vos interventions en public si vous apprenez à gérer votre respiration. En effet, non seulement votre respiration trahit vos émotions, mais elle est indispensable pour tenir votre interlocuteur ou votre auditoire en haleine pendant sept minutes.

Régulez votre souffle

La respiration est une des fonctions de l'organisme sur laquelle la volonté peut agir. Quand vous respirez, vous établissez une relation entre la tête et le ventre : vous régulez les fonctions de votre corps par la liaison chimique et mécanique avec le rythme circulatoire et les fréquences cardiaques. Quand vous avez froid, vous respirez mal ; quand vous êtes inquiet, votre respiration est perturbée.

Vous avez sûrement constaté qu'il y a une quasi-réciprocité entre votre rythme respiratoire et celui de votre interlocuteur ou de votre public :

- si vous êtes crispé et avez une respiration saccadée, vous risquez de gêner ceux qui vous écoutent ;
- si vous retenez votre souffle, vous risquez d'incommoder votre auditoire.

Pour bien respirer :

- inspirez profondément en avalant l'air par la bouche et en gonflant le ventre ;
- expirez au terme de ce que vous venez de dire. Ce temps de pause permettra aussi à votre auditoire de souffler et de relâcher son attention quelques secondes.

Entraînez-vous à bien respirer

Assurez-vous de votre bonne forme respiratoire. Concentrez-vous sur votre respiration (ce que nous ne faisons pas assez) pour être bien détendu avant votre intervention en public :

- inspirez lentement l'air par le nez en gardant la bouche fermée et les lèvres souples ;
- marquez un temps d'arrêt en bloquant votre respiration quelques secondes ;
- expirez lentement.

En plaçant une main sur le ventre et l'autre sur le haut du thorax, veillez à ce que :

- votre abdomen soulève votre main à l'inspiration et l'abaisse à l'expiration ;
- la partie haute du thorax ne se déplace pas.

Rappelez-vous que 80 % de l'air inspiré sert à alimenter votre cerveau et que vous aurez besoin de toutes vos capacités pour être convaincant dans un temps limité.

Synchronisez votre respiration et votre discours

Pour tenir votre auditoire en haleine, vous devez contrôler votre respiration. Elle est essentielle pour marquer les temps forts de votre discours, pour lui donner du rythme. Les inspirations et expirations que vous produisez opèrent un massage continu du plexus solaire (à la jonction des systèmes respiratoire et digestif) qui participe au réglage de votre émotivité. L'inspiration abdominale profonde et la gestion régulière de l'expiration procurent un bien-être sensible et utile qui vous aidera à parler avec calme, donc sans fébrilité, retenue ni empressement.

- *Synchronisez les trois temps de la respiration avec les trois temps de votre discours.* Cela permettra à tous, auditeurs et orateur, de souffler :

  – inspirez pour prendre de l'énergie : c'est le moment de regarder l'autre, d'observer l'auditoire ;

  – quand vous êtes en apnée, effectuez une brève rétention : c'est un moment favorable pour prendre du recul, pour vous préparer à apporter une réponse ou pour réfléchir une dernière fois à l'enchaînement des idées qui suivra ;

  – expirez en libérant l'action et la parole : c'est le moment dans votre discours où vous bougez, vous argumentez, c'est le moment de l'action.

- *Donnez du rythme à votre intervention.* Mieux vous respirez, moins la sensation d'oppression, symptôme du trac, risque de s'installer :

  – respirez calmement : vos phrases seront plus courtes, mieux ponctuées et, surtout, vous oserez des silences brefs mais utiles pour éclaircir vos idées ;

POUR ALLER PLUS LOIN

Découvrez le hara des Orientaux

Les Orientaux nomment hara le centre de gravité du corps localisé entre le nombril et le pubis. Le hara est essentiel pour la respiration. Pour le sentir, essayez cet exercice :

- Tenez-vous debout, jambes écartées.
- Placez les pieds à la largeur du bassin et tournez-les légèrement vers l'extérieur.
- Fléchissez légèrement les genoux.
- Prenez une profonde inspiration et soufflez violemment en faisant « ah » puissamment.
- Procédez ainsi jusqu'à ce que vous ressentiez que le « ah » sort du point névralgique dit hara, entre le nombril et le pubis.
- Recommencez cinq fois pour bien imprimer la sensation.

– inspirez profondément : cela vous permettra d'aller au bout de vos phrases, de prendre un nouvel élan après une question de l'interlocuteur ou de l'auditoire ;

– prenez le temps d'inspirer : cela vous permettra de marquer des temps de pause. Même très courtes, ces pauses vous aident à donner du rythme à votre intervention sans précipitation.

- *Sachez que le calme est votre atout.* Pour une intervention brève et pertinente, restez posé et calme. Vous serez plus calme si vous veillez à faire des gestes plutôt lents, à maîtriser le débit de vos paroles, à adopter une posture stable, un regard calme, le tout en rapport direct avec votre contrôle respiratoire.

CONSEIL PRATIQUE

Relaxez-vous en quinze minutes

Toute relaxation complète comprend la respiration, le cou, les épaules et le dos.

Pour bien respirer :

1. Assis sur une chaise, tenez-vous bien droit en regardant loin devant mais les yeux fermés.
2. Laissez vos mains à plat sur les genoux, en gardant vos épaules et votre nuque relâchées.
3. Inspirez profondément par le nez, puis expirez par la bouche en rentrant le ventre.
4. Compressez la cage thoracique, le dos légèrement arrondi.

Répétez cinq fois avec trente secondes de récupération entre chaque répétition.

Pour détendre le cou :

1. Asseyez-vous sur une chaise en maintenant le dos bien droit, les mains sur les genoux.
2. Penchez la tête en avant et hochez-la pour que le menton vienne toucher la poitrine.
3. Expirez.

Répétez cet exercice cinq fois.

Pour détendre les épaules :

1. Asseyez-vous sur une chaise en regardant loin devant.
2. Conservez les bras relâchés le long du corps et soulevez les épaules le plus haut possible.
3. Faites-les rouler lentement de l'avant vers l'arrière en dessinant des cercles. Faites quatre ou cinq tours avec trente secondes de récupération entre chaque session.
4. Reprenez l'exercice mais en roulant les épaules de l'arrière vers l'avant.

Répétez cet exercice cinq fois.

Pour détendre le dos :

1. Asseyez-vous sur une chaise.
2. Tendez les bras à hauteur des épaules et arrondissez le dos.
3. Relâchez le cou puis la nuque, et enfin les épaules.
4. Remontez doucement en rentrant le ventre et en serrant les fesses.
5. Tirez sur vos bras, paumes des mains vers l'extérieur.
7. Basculez ensuite le buste en avant en relâchant la tête.
9. Enlacez vos coudes.

Répétez cinq fois avec trente secondes de récupération entre chaque répétition.

SECTION 3

Faites de votre voix une alliée

Votre voix fait partie de votre personnalité ; elle est votre signature sonore. Elle reflète et transmet ce que vous ressentez. Alors n'oubliez pas qu'elle donnera du sens à votre discours – et parfois un autre sens que celui des mots et des idées que vous utiliserez.

Démarrez votre intervention sur un ton grave

Avec sept minutes pour convaincre, vous devez **mettre en scène** votre voix et respecter ces quelques recommandations qui peuvent vous surprendre :

- Débutez votre intervention par un ton sérieux, voire grave, et un débit lent.
- Articulez nettement vos premières phrases avec calme, mais parlez assez fort. Il s'agit de vous imposer. Vous devez capter l'attention et donner du poids à votre intervention. Votre ton doit exprimer l'absence de doute sur l'issue positive de votre intervention.
- Faites attention à votre attitude corporelle : gardez les épaules et la poitrine bien droits.
- Faites quelques pauses brèves mais marquées entre certaines phrases clés, afin de donner du poids à votre entrée en matière.

Variez vos intonations pour rythmer votre intervention

Quand vous argumentez, pensez à varier les intonations et le débit pour donner du rythme à votre propos :

- Passez de la posture calme avec le ton grave du début à des intonations différenciées pour mettre l'accent sur ce qui est essentiel dans vos propos.
- Faites vivre vos exemples en étant moins statique.
- Donnez une coloration sonore à des formules ou des mots forts. Jouez en particulier sur les variations de débit et de hauteur de la voix.

POUR ALLER PLUS LOIN

La voix reflète ce que vous ressentez

La variation de certaines modalités de la voix traduit vos émotions et vos sentiments au moment où vous prenez la parole. Y participent le timbre de la voix, la hauteur de la voix, les contours mélodiques, le débit, la précision articulatoire (tendue, relâchée, rapide, lente) et l'énergie acoustique (force du souffle).

Ces variations seront décryptées par votre interlocuteur ou votre auditoire selon les registres suivants :

- le sens que vous donnez à ce que vous dites : doute, certitude, assurance, autorité, calme ;
- l'humeur associée à vos propos : amabilité, gentillesse, irritabilité, agacement, hostilité ;
- l'émotion profonde qui vous anime : joie, enthousiasme, peur, colère, tristesse, inquiétude.

Travaillez votre diction

Articuler donne de la force au discours ; trop souvent, les discours pèchent par leur diction relâchée. Rappelez-vous qu'articuler permet de manifester la force que vous mettez dans le discours et d'aller vers l'auditoire avec énergie :

- Évitez à tout prix de manger les mots (« Ouais, on pourrait p'tête ben se r'voir pour l'projet. »).
- Prenez fortement appui sur les voyelles, ne les élidez pas (comme dans j(e)ter, où la disparition du *e* muet donne j'ter).
- Prononcez correctement les finales des mots (l'arbre et non l'arb'e).

Astreignez-vous à faire de la gymnastique articulatoire si vous pensez devoir progresser. Ouvrez grand la bouche, décoincez les mâchoires, bougez les lèvres et la langue : faites des efforts en exagérant les mouvements et lisez n'importe quel texte à haute voix. Petit à petit, vous intégrerez les bons réflexes.

POUR ALLER PLUS LOIN

La voix : un bel organe à entretenir

Le son naît dans le larynx, lequel se compose de **3 parties** :

- un vestibule en entonnoir fermé par un clapet, l'épiglotte ;
- les cordes vocales (quatre ligaments) logées dans la partie étranglée du larynx ;
- la partie sous-glottique (de la trachée au larynx).

L'appareil respiratoire joue le rôle de soufflerie pour produire des vibrations (cage thoracique, diaphragme, housse des poumons). Ce sont les résonateurs qui contribuent à modeler le son : pharynx (vestibule de la gorge), bouche, fosses nasales et cavité labiale (qui désigne l'espace entre les lèvres et les dents).

Cette mécanique donne à la voix ses propriétés fondamentales :

- le timbre (audibilité des harmoniques) ;
- la fréquence des vibrations (hauteur du ton) ;
- l'amplitude (intensité de la voix).

Ponctuez vos phrases de brefs silences

C'est un des réflexes les plus délicats à acquérir pour des interventions brèves. En effet, dans la précipitation, il est tentant de tout dire à la suite, vite, sans reprendre son souffle, comme pour se débarrasser de quelque chose. Or, si vous faites cette erreur, vous constatez que votre voix s'amenuise à mesure que votre souffle baisse. Pour ne pas tomber dans ce piège classique, exercez-vous aussi à :

- ralentir votre débit ;
- ponctuer vos phrases de silences brefs ;
- respirer en fin de phrase pour réattaquer tranquillement le début de la phrase suivante.

L'attention de vos interlocuteurs sera fortement relancée et activée par vos silences et vos changements de rythme. Un peu comme si le silence donnait du poids à votre discours !

Terminez votre intervention sur un ton ferme

Pour conclure, revenez à plus de fermeté :

- Baissez la voix, ralentissez, affirmez-vous. Votre voix doit dire que vous croyez en vous et que vous avez envie de partager votre conviction.

- Ce n'est pas le moment d'avoir des trémolos dans la voix, ni une baisse de ton, ni une fin timide : soyez sûr de vous.
- Employez un ton grave pour que vos interlocuteurs comprennent votre message : « C'est OK, nous ferons comme ça, nous sommes d'accord. »

Ainsi, votre voix, par ses intonations, aura contribué à exprimer votre volonté. En prenant conscience du rôle joué par vos cordes vocales, vous aurez une corde supplémentaire à votre arc !

MÉMENTO

Apprenez à domestiquer vos cordes vocales

Prenez la parole en créant les conditions les plus favorables pour libérer au mieux vos cordes vocales :

1. **Redressez-vous :** votre dos doit être droit, le bassin dans l'axe du corps et les pieds bien à plat, légèrement ouverts. Ainsi, le diaphragme (muscle respiratoire principal) fonctionnera bien.
2. **Relâchez-vous avant de parler,** car le stress et les crispations déforment la voix. Fermez les yeux, détectez vos tensions, faites une respiration ventrale forte (gonflez le ventre à l'inspiration et rentrez-le en expirant).
3. **Abaissez les épaules et tirez vos mains vers le bas :** le larynx, où siègent les cordes vocales, doit être le plus souple possible.
4. **Décrispez les mâchoires** en ouvrant grand la bouche et en faisant des grimaces. Massez vos mâchoires avec vos doigts, les coudes appuyés sur une table. Vous articulerez mieux ensuite.
5. **Positionnez votre menton perpendiculairement à votre cou :** si vous levez le menton, vous tirez votre larynx vers le haut, et si vous baissez la tête en parlant, vous l'écrasez. Quand vous tournez la tête, pensez aussi à tourner le buste de manière à ne pas tordre le larynx.
6. **Échauffez vos cordes vocales**, car votre voix est comme un instrument ; familiarisez-vous avec elle. Chantonnez, parlez à haute voix, entonnez le début de votre intervention. Ne craignez pas de faire du bruit : faites des « hum » sonores, en gardant la bouche fermée, et des « i » puissants, en étirants lèvres.

Votre voix mérite toute votre attention. De nombreux stages peuvent vous apprendre à la poser, ce qui vous permettra de solliciter vos cordes vocales à bon escient.

SECTION 4

Et vos bras, qu'en ferez-vous ?

Votre corps participe à votre effort de communication. Et plus votre intervention est brève, plus il doit y avoir une belle unité entre ce que vous dites et ce qu'exprime votre corps.

Privilégiez la lenteur

Le calme et le contrôle de soi sont vos meilleurs alliés si vous devez faire une intervention express dans une réunion ou aborder votre interlocuteur rapidement seul à seul. Cela peut vous sembler *a priori* difficile, car le manque de temps incite plutôt à se précipiter, d'où une certaine fébrilité :

- Faites en sorte que vos gestes soient en harmonie avec le débit de vos paroles.
- Privilégiez des gestes plutôt lents, plutôt amples et dirigés en avant, c'est-à-dire vers votre auditoire ou votre interlocuteur.

Gardez la tête bien droite

La posture gagnante, c'est la verticalité. Tout affaissement de votre corps (dos rond, tête rentrée ou penchée) est synonyme de manque d'élan, d'absence d'assurance et de forte dépendance (vous subissez et vous vous protégez). La tête bien droite, vous manifestez un sentiment d'assurance.

Pour intégrer ce sentiment de verticalité :

- prenez le soin de bien poser les pieds au sol (bonne adhérence) ;
- ne croisez pas les jambes ;
- ne prenez pas de poses dangereuses : ne prenez pas appui sur la pointe de vos pieds, ne superposez pas vos pieds.

Adoptez la position dans laquelle vous vous sentez le plus stable possible. Ainsi, vous maintiendrez mieux votre verticalité, signe de votre assurance et de votre détermination.

Recherchez un appui au sol

Poser une main ferme sur un bureau constitue un appui précieux :

- si vous avez la possibilité d'être assis, occupez bien votre chaise en vous y adossant ;
- si vous êtes debout, gardez les pieds bien à plat et écartez légèrement les jambes pour rechercher le meilleur appui au sol.

Établissez un contact visuel

Cet échange de regards est capital, car vous devez capter l'attention de votre interlocuteur :

- Avant de parler, sollicitez votre interlocuteur du regard. Pensez au clown qui entre en scène, au cirque : il n'a que quelques secondes pour capter l'attention ; son regard parle déjà.
- Ne brouillez pas votre présence par des mimiques : une mobilité excessive du visage trahit un manque de concentration. Évitez les grimaces codées (haussement des sourcils pour marquer l'étonnement, hochements de tête pour montrer de la satisfaction…).

CONSEIL PRATIQUE

Les bonnes couleurs pour convaincre

Les couleurs possèdent des sens cachés qui véhiculent des croyances. Elles influent sur nos comportements et notre imaginaire. Pour convaincre en sept minutes, mieux vaut tenir compte du sens des couleurs dans le choix de votre garde-robe pour le jour J.

- Au palmarès, vous trouverez toutes les gammes de bleus. Le bleu est consensuel, suscite l'adhésion, il est sage et raisonnable. Sa force est dans sa stabilité, sa profondeur rassure et réunit.
- Le blanc transmet quelque chose de clair, de pur, de propre, de net. Il confère de l'autorité, voire de l'intransigeance.
- Le noir vous rend plus incisif. C'est le chic et l'élégance garantis. Mais le noir est ambivalent : il symbolise autant la transgression que la tempérance.
- Évitez à l'inverse le vert (espérance, mais hypocrisie, instabilité, désordre), l'orange (vulgarité), le marron (négativité), le gris (mélancolie), le rose (insolence) et le rouge (orgueil, ambition, pouvoir).

Restez sérieux

Tout comme vous devez amorcer votre intervention par un ton assez grave en abaissant votre voix, vous devez penser à afficher un visage sérieux :

- Ne souriez pas, vous apparaîtriez trop gentil ou trop aimable, et votre interlocuteur n'aurait alors aucun mal à « gentiment » refouler votre requête ou réfuter votre démonstration.
- Pour avoir un impact fort et un ascendant certain, adoptez un regard ferme sans être agressif, soyez concentré tout en ayant les traits détendus, les lèvres légèrement avancées et pincées.
- Osez une certaine moue ; ne soyez pas trop sympathique lors de l'amorce ; vous devez penser à « projeter en avant » ce que vous avez à dire.
- Ensuite, après l'accroche, vous pourrez nuancer, animer vos propos pour faire vivre vos arguments et laisser venir l'enthousiasme.
- Terminez votre intervention en adoptant à nouveau un visage déterminé, notamment dans le regard, afin que votre interlocuteur comprenne que vous attendez son feu vert.

Les enjeux du registre de la parole

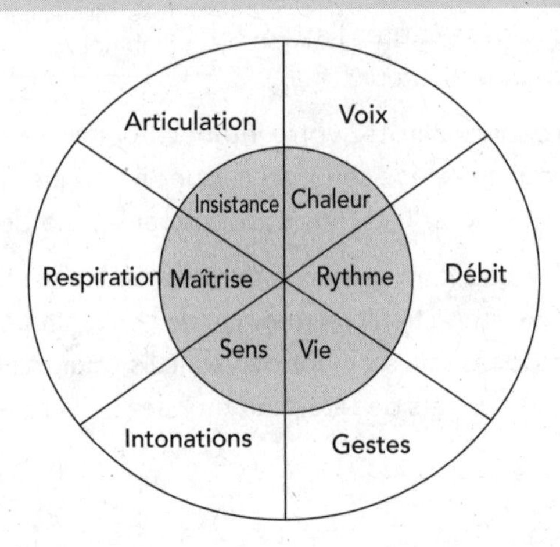

ET VOUS, OÙ EN ÊTES-VOUS ?
Utilisez-vous suffisamment votre voix et vos gestes pour appuyer vos discours ?

Pour le savoir, répondez oui ou non aux affirmations suivantes.

	Affirmations	Oui	Non
1	On vous demande souvent de parler plus fort.		
2	Vous oubliez d'articuler fortement votre discours.		
3	Vous avez l'impression de parler toujours sur le même ton.		
4	Vous parlez surtout avec les mains.		
5	Vous avez l'impression de vous tasser sur vous-même quand vous parlez.		
6	Vous avez du mal à regarder votre interlocuteur.		
7	Vous parlez vite.		
8	Quand vous parlez, vos épaules montent et votre poitrine gonfle.		
9	Parfois, vous manquez de souffle pour finir votre discours.		
10	Vous parlez en portant la main au visage.		
11	Vous maniez des objets quand vous parlez.		
12	Votre voix est souvent haut perchée.		
13	Vous penchez la tête quand vous parlez.		
14	Vos gestes sont rapides et raides.		
15	Vous êtes tendu et paraissez froid pour votre public.		

Pour connaître le résultat de votre autoévaluation, reportez-vous à la page 136.

L'ESSENTIEL

Vous avez compris que votre corps participe à l'effort de communication. Vous devez rassembler le meilleur de vous-même : bien respirer, adopter la bonne posture et utiliser toutes les possibilités de votre voix.

1 ACCEPTEZ LE TRAC

Faites la part des choses entre pensées négatives (vos craintes et vos peurs) et désir de bien faire. Visualisez chacune de vos interventions pour mieux apprécier vos atouts et vous projeter vers la réussite.

2 RELAXEZ-VOUS ET APPRENEZ À BIEN RESPIRER

Votre calme parle pour vous. Il vous confère autorité et ascendant. Vous gagnerez en sérénité en acceptant de bien régler votre respiration et en vous exerçant à la relaxation.

3 DOMESTIQUEZ VOTRE VOIX

Apprenez à faire descendre votre voix dans les graves, à moduler votre discours avec des intonations variées. Donnez du sens et de la vie à ce que vous dites.

4 MAÎTRISEZ VOTRE GESTUELLE

Apprenez à vous tenir bien droit et à regarder votre interlocuteur ou votre auditoire. Pensez à « porter en avant » ce que vous dites : vos gestes doivent aller vers l'auditoire.

NOTES PERSONNELLES

CHAPITRE 5

Aller à l'essentiel avec aisance

Les 3 objectifs du chapitre

1. Être au clair avec ses convictions
2. Utiliser ses atouts pour être convaincant
3. Être fiable

SECTION 1

Assurez-vous de montrer que vous êtes convaincu

Pour augmenter vos chances de convaincre, il vaut mieux être soi-même convaincu de ce qu'on dit. La conviction est donc un puissant levier pour réussir. Mais elle ne vient pas toute seule. Beaucoup plus qu'une intuition, une croyance ou une certitude, elle est le résultat d'une élaboration que vous devez conduire parallèlement au travail de préparation et de structuration de ce que vous avez à dire.

Faites votre examen critique

Votre conviction personnelle s'appuie sur votre légitimité et votre crédibilité. Faites votre examen critique pour savoir si vous avez bien en main les leviers qui susciteront l'adhésion de votre public.

- *Avez-vous la légitimité requise pour aborder tel sujet ?* Vous avez à intervenir en réunion, vous voulez démontrer quelque chose ou formuler une demande. Pour être légitime aux yeux de vos interlocuteurs, suivez les conseils suivants :

  – gardez constamment en tête le degré de légitimité de votre intervention ;

  – passez vos arguments, vos témoignages ou vos exemples en revue une fois que vous les aurez réunis ;

  – faites l'examen critique de cette sélection ;

  – si vous en êtes satisfait, vous sentirez monter en vous une bonne dose de conviction ;

  – pour que votre conviction s'affiche, appuyez votre discours sur votre expérience. Votre conviction doit se nourrir de ce que vous estimez juste, vrai, crédible. Il n'y a que cela qui convainc !

- *Adoptez les tournures qui renforcent votre crédibilité.* Parlez le langage de la conviction, en donnant à votre discours des temps forts qui assoiront votre crédibilité :

  – affirmez vos convictions en les laissant s'exprimer : « Je suis convaincu de... », « J'ai la conviction que... » ;

  – associez votre auditoire en utilisant le pronom « nous » : « Nous pouvons faire... » ;

  – utilisez le verbe « tenir », qui symbolise à lui seul la force de vos affirmations : « Nous pouvons tenir pour acquis... » ;

  – utilisez, dans le même ordre d'idées, des formules telles que : « nous fier à... », « compter sur » ou « croire en la nécessité de... » Le terme « juste » participe aussi de la démarche de conviction : « Nous pensons qu'il est juste de... »

POUR ALLER PLUS LOIN

Qu'est-ce que la conviction ?

Pour les philosophes, la conviction est un composé assez inextricable de croyance, d'intuition et d'expérience. La conviction n'est pas pour autant qu'une affaire de subjectivité. Elle est liée à la vérité, aux faits, à la réalité.

Les motifs de vos convictions sont sûrement plus rationnels qu'affectifs. Vos convictions ne sont pas pour autant des certitudes, car elles admettent la possibilité d'une erreur.

Avoir des convictions, c'est estimer, dans une situation donnée, avoir des raisons très fortes d'affirmer quelque chose. Exprimer une conviction, c'est en ce sens prendre ses responsabilités et s'engager.

Mettez votre conviction au service des autres

Si tout part de votre conviction personnelle, encore faut-il prendre les autres en compte. Pour convaincre votre auditoire, vous devez lui prouver la nécessité de ce que vous dites tout en lui apportant des garanties.

- *Prouvez la nécessité de vos propos.* Votre auditoire ou votre interlocuteur vous suivra si ce que vous proposez lui paraît flagrant et nécessaire : flagrant parce que vous apportez avec détermination les explications les plus claires pour justifier vos conclusions et que votre expérience à elle seule rends vos propos légitimes ; nécessaire parce que vous montrez l'intérêt pour eux de suivre vos recommandations et que vous vous engagez dans cette voie. Gardez en tête les éléments suivants :

– adoptez ce qu'on appelle en marketing le « bénéfice client ». Votre argument en forme de promesse n'aura de force que dans la mesure où l'auditoire (votre client) percevra pour lui le profit et donc l'utilité de ce que vous avancez ;

– votre conviction doit porter sur ce point sensible : vous devez être convaincu de la nécessité pour votre interlocuteur de suivre vos conclusions.

- *Apportez des garanties.* Les garanties sont un autre levier, non négligeable, pour convaincre votre auditoire et remporter son adhésion :

  – faites parler votre expérience ;

  – ne manifestez pas que des intentions, et montrez votre volonté d'agir, de réaliser, d'aller de l'avant ;

  – proposez des échéances, des rendez-vous pour anticiper la mise en œuvre de l'action ;

  – soyez concret et précis, et inscrivez ce que vous dites dans l'avenir immédiat : « Je vous envoie le dossier vendredi… », « Je vous rappelle le 15… », « Je présente le projet lors de la réunion de rentrée… »

Votre conviction, c'est du solide, du concret. Votre expérience et votre volonté augmenteront vos chances de recueillir une approbation puis de déclencher l'adhésion.

POUR EN SAVOIR PLUS

De l'intuition à la certitude

Ni intuition, ni croyance, ni certitude, la conviction est à mi-chemin de ces trois notions.

Qu'est-ce qu'une intuition ?

Une inspiration subite, une pensée éclair, un pressentiment de ce qui n'existe pas encore.

Qu'est-ce qu'une croyance ?

Une opinion subjective que vous suivez avec confiance.

Qu'est-ce qu'une conviction ?

Une affirmation forte, un mélange de croyance et d'intuition étayée par l'expérience personnelle.

Qu'est-ce qu'une certitude ?

Une conviction qui s'appuie sur des preuves dont vous disposez.

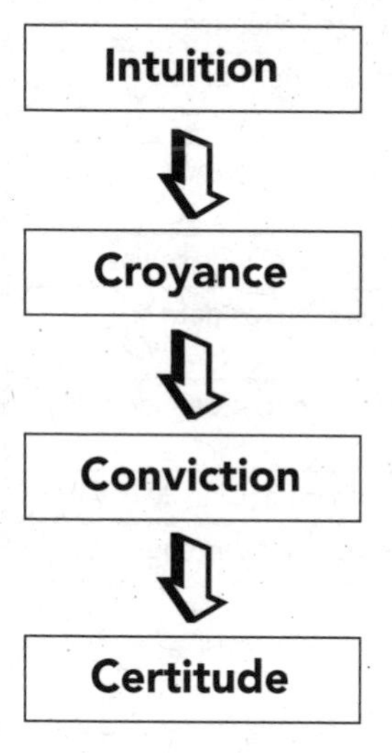

ET VOUS, OÙ EN ÊTES-VOUS ?

Affirmez vos convictions.

Vos convictions personnelles sont essentielles si vous voulez remporter l'adhésion de vos interlocuteurs. Faites le point en cochant ce que vous avez l'habitude de faire.

	Quelles sont vos convictions ?	Toujours	Parfois	Rarement
1	Ce que vous dites est tiré de votre expérience.			
2	Vous vous interrogez sur la crédibilité de ce que vous voulez avancer.			
3	Vous cherchez prioritairement à vous en tenir à ce que vous savez.			
4	Vous avez besoin de ressentir une légitimité pour oser demander quelque chose.			
5	Vous savez renoncer à un argument quand vous ne pouvez pas le prouver.			
6	Vous procédez à un examen critique pour enrichir vos convictions.			
7	Vous n'aimez pas rester dans le vague.			
8	Vous vous engagez sur des échéances.			
9	Vous cherchez avec force l'approbation des autres.			
10	Vous êtes capable d'insister pour vous faire comprendre.			
11	Vous osez exprimer un doute si nécessaire.			
12	Vous aimez chercher des preuves pour démontrer vos idées.			
13	Vous avez le sentiment de donner beaucoup de vous pour réussir.			
14	Vous êtes passionné par la recherche de la vérité.			
15	Vous appréciez les gens qui ont des convictions.			

Pour connaître le résultat de votre autoévaluation, reportez-vous à la page 136.

SECTION 2

Votre charisme fera la différence

Vous avez constaté que les gens qui suscitent l'adhésion sont ceux qui osent s'engager, qui ont l'audace de prendre des risques et des initiatives. On dit qu'ils ont du charisme. Vous pensez peut-être que vous en manquez, mais vous pouvez vous améliorer en suivant les conseils exposés ci-dessous.

Soyez au clair avec vous-même

Il est nécessaire d'avoir envie de prononcer tel ou tel discours pour que votre conviction soit ressentie et entendue par votre public.

- *Interrogez votre désir.* Sans faire d'introspection, avant d'intervenir, vous devez faire le point sur ce que vous ressentez :

  – avez-vous vraiment envie d'aborder ce problème, de parler de ce projet, de faire cette demande ? Si votre réponse est négative ou tiède, ne vous forcez pas : vous ne saurez pas être convaincant ;

  – est-ce nécessaire pour vous ? Si la réponse est « non » ou « pas vraiment », passez à autre chose. Si la réponse est « oui », mais que vous êtes un peu inquiet, considérez que c'est bon signe, une preuve que cette intervention a de la valeur pour vous.

- *Ne vous mentez pas à vous-même.* Ne pas désirer quelque chose n'est pas condamnable. Simplement, cela peut vouloir dire que vous n'êtes pas prêt, que ce n'est pas le moment :

– interrogez votre désir, cela vous mettra au clair avec vous-même : « Maintenant que ce projet est mûr dans ma tête, je peux me décider et me préparer à en parler » ;

– éliminez toutes les velléités d'interventions sur des éléments dont vous n'êtes pas convaincu ; cela éliminera vos possibilités d'échec et de culpabilité.

Êtes-vous prêt à vous investir ?

Pour convaincre, vous devez montrer que vous êtes prêt à donner de vous-même. Quand un auditoire ou un interlocuteur sent de la générosité et de la disponibilité dans votre expression, il se met dans les meilleures dispositions pour vous comprendre, vous approuver et vous suivre.

- *Montrez votre générosité.* L'effort sera payant, même si tout n'est pas parfait lors de votre intervention, car votre énergie sera communicative :

  – en mettant en valeur votre contribution ;

  – en montrant que vous avez travaillé votre sujet ;

  – en dynamisant vos propos ;

  – en « portant » votre message ;

  – en vous mettant au niveau de votre auditoire.

Si vous restez en retrait, si vous donnez l'impression de vous débarrasser de ce que vous avez à dire, de ne pas y croire, d'être pressé d'en finir, vous ne serez pas convaincant.

- *Soyez disponible.* Pour être disponible, à l'écoute de vos interlocuteurs, vous devez :

  – être ouvert au dialogue : vous le serez si vous êtes prêt à prendre en compte des avis, et disposé à revoir votre demande, votre offre ou votre projet ;

  – être déterminé à améliorer et à retravailler une proposition, si nécessaire ;

– être concentré, présent, accessible, à l'écoute ;

– témoigner de l'intérêt à ceux qui vous écoutent.

Inversement, si vous êtes arrogant ou méprisant, que vous paraissez pressé, que votre point de vue paraît définitif ou catégorique, vous ne paraîtrez pas disponible pour vos interlocuteurs.

- *Déployez votre énergie.* Vous avez retenu que, pour accrocher l'attention, il fallait plutôt adopter un ton grave et sérieux en début d'intervention. Maintenant, vous devez concentrer votre énergie sur la mise en valeur de votre désir et de votre envie. Pour libérer cette énergie, la faire monter en puissance :

  – imaginez que vous êtes une lampe à fort rayonnement (avec une ampoule de 75 watts au lieu de 40) ;

  – réglez votre « puissance » selon ce qui est nécessaire pour remporter l'adhésion de votre auditoire ou selon vos capacités ; le charisme, c'est en effet le rayonnement de votre personne tel qu'il est ressenti par les autres ;

  – regardez avec intensité vos interlocuteurs ;

  – donnez plus de force et de volume à votre expression pour que le courant passe auprès de votre public ;

  – n'oubliez pas que tenter de convaincre, c'est prendre l'initiative et le risque d'éclairer la pensée de l'autre.

POUR ALLER PLUS LOIN

Qu'est-ce que le charisme ?

Si le terme est emprunté au langage chrétien (saint Paul en parle pour qualifier le talent oratoire, la sagesse, le don de guérir), il désigne aujourd'hui l'ascendant, la force de l'engagement et la capacité à mobiliser un groupe.

Les meneurs ont du charisme, sont visionnaires, donnent du sens, parlent de l'avenir.

Faire preuve de charisme, c'est s'engager avec un courage exemplaire, prendre des risques et incarner tout cela dans l'action.

Avec le charisme, vous disposez d'une grande force de conviction. Pour le meilleur et pour le pire : car si vous êtes fort, vous serez suivi, les gens auront besoin de vous et vous aurez créé une certaine dépendance. Il n'y a donc pas de charisme sans un sens élevé des responsabilités, une bonne assise morale et une vision constructive, humaine et tolérante des autres.

MÉMENTO

L'état d'esprit d'une personne charismatique

1. Elle croit en ses moyens.
2. Elle accepte de délibérer avec elle-même.
3. Elle évalue son propre désir.
4. Elle construit sa conviction.
5. Elle fait preuve de générosité.
6. Elle est disponible.
7. Elle accepte de faire des efforts.
8. Elle sait faire confiance quoi qu'il arrive.
9. Elle s'appuie sur ses réussites.
10. Elle rebondit après un échec.

ET VOUS, OÙ EN ÊTES-VOUS ?

Exercez-vous à ressentir.

Pensez à cinq personnes. Ce test vous permettra d'évaluer leur dose de charisme. Concentrez-vous sur leur personnalité, leur manière de se comporter et de communiquer. Comment ressentez-vous leur degré de conviction, d'enthousiasme et de disponibilité ? Évaluez-les en cochant la case (fort(e)/faible) qui leur correspond.

Personnes	Conviction		Enthousiasme		Disponibilité	
	Forte	Faible	Forte	Faible	Forte	Faible

Pour connaître le résultat de votre autoévaluation, reportez-vous à la page 137.

SECTION 3

Doser concentration et enthousiasme

Pour convaincre en sept minutes, votre motivation est votre meilleure alliée. Vous en êtes maintenant convaincu et vous acceptez de vous interroger pour être au clair avec vous-même. Ce travail réalisé, vous devez maintenant apprendre à doser votre énergie, car les interventions brèves nécessitent un bon équilibre entre concentration et enthousiasme.

Soyez attentif à votre expression

De nombreux travaux sur la communication prouvent que nous sommes d'abord influencés par ce que nous ressentons avant de nous attacher à évaluer rationnellement les propos énoncés par quelqu'un (même s'il y a de toute façon une certaine simultanéité entre les deux processus).

Votre expression se compose des mots, formulations, raisonnements, gestes, mimiques, intonations, postures et voix que vous employez. Elle compte tout autant que votre message, et sera décryptée comme telle. Soyez conscient que votre image et votre expression parlent pour vous et ont une incidence sur votre intervention.

Une intervention brève focalise l'attention plus fortement encore sur votre image personnelle : il y a l'effet de surprise, l'impact, puis la trace laissée furtivement, c'est-à-dire une ou des impressions ressenties et mémorisées par votre interlocuteur ou auditoire. Pour être efficace, vous aurez intérêt à canaliser votre énergie selon deux registres : la concentration et l'enthousiasme.

Soyez concentré

Pour doser votre énergie pendant toute la durée de votre intervention, vous devez être concentré notamment avant de prendre la parole et au début de votre intervention. En effet, la concentration renforcera votre image de sérieux, de professionnalisme, de volonté et, surtout, elle vous permettra de prendre confiance en vous. Pour faciliter votre concentration :

- restez calme ;
- adoptez des gestes lents pendant votre intervention ;
- veillez à ce que le débit de vos paroles ne soit pas trop rapide afin que votre auditoire vous comprenne ;
- proscrivez absolument tout ce qui est du registre de la précipitation, de la fébrilité et de l'impatience : ce serait contraire à toutes les recommandations qui vous ont été faites (voir chapitre 4) ;
- renforcez votre image de personne sérieuse en montrant que vous avez préparé votre intervention, que vous y avez réfléchi, que vous avez pesé vos propos et êtes donc prêt à vous engager ;
- jouez la carte de la « profondeur », qui vous permettra d'entrée de jeu de vous imposer à vos interlocuteurs. Pour cela, faites en sorte que votre entrée en matière ait du poids (pensez « masse ») et que votre propos « descende » vers les autres (pensez « escalier »).

Transmettez votre enthousiasme

Vous devez être non seulement concentré mais également enthousiaste. En effet, votre seconde image gagnante, c'est la tonicité, l'élan que vous donnerez à votre proposition, votre offre ou votre demande. Vous devez mettre en avant votre désir, votre appétit de donner suite et d'agir.

Pour être convaincant, faites partager votre gourmandise. Vous avez sans doute en tête des interventions froides, sans saveur, cassantes. Il n'est pas facile de convaincre ; cela se mérite, et pour cela, il faut y mettre un certain entrain :

- pensez aux enfants qui s'enflamment quand ils disent : « Je vais faire un tour de manège dimanche ! » ;
- sachez aussi parler avec gourmandise : « Je crois à ce projet ; nos équipes sont prêtes à relever le défi, nous pourrons progresser sur ce marché, notre fichier clients est maintenant au point... » ;
- ne soyez pas suffisant (reproche fréquemment adressé aux technocrates, politiciens et dirigeants lorsqu'ils prennent la parole) ;
- même si vous avez des responsabilités, vous êtes en droit de faire partager votre enthousiasme.

Cependant, manifester votre dynamisme, c'est vous exposer. Prenez ce risque même si votre public ne montre pas autant d'enthousiasme que vous. Vous ne pourrez pas vous en vouloir : vous pourrez vous dire que vous avez mis tous les atouts de votre côté pour être convaincant.

CONSEIL PRATIQUE

Laissez parler vos sentiments

N'hésitez pas à manifester ce que vous ressentez en exprimant vos sentiments. Par exemple, vous pourrez dire : « Je suis content d'avoir pu vous raconter ce qui s'est passé vraiment lors de cette réunion. » Votre authenticité sera payante. Ne dites que ce que vous ressentez réellement, sinon vous ne serez pas crédible.

Ne craignez pas, ponctuellement, de montrer certaines limites ou votre possible insatisfaction : « Je n'ai pas suffisamment insisté lors de la mise en place de... » ou « J'ai été sensible à votre invitation à participer à l'entretien avec notre client X... »

Ce que vous ressentez fait partie de votre témoignage comme de votre expérience. En laissant parler vos sentiments, vous semblez plus humain et vous avez plus de chance d'être considéré ainsi.

Et surtout, soyez convaincu. Il est plus difficile de refuser quelque chose à quelqu'un qui, à la fois, a su :

- traduire sa réflexion et sa volonté en restant concentré sur son propos ;
- exprimer son enthousiasme et son dynamisme.

Si une requête vous est refusée, interrogez-vous sur l'image que vous avez donnée de vous. Cette démarche vous fera progresser et vous évitera de toujours reprocher à l'autre un soi-disant autoritarisme, un manque d'ouverture ou un esprit retors.

CONSEIL PRATIQUE

Mettez en image votre dynamisme

Si votre exposé est fait en public, bannissez les présentations du type PowerPoint qui font défiler du texte, des tableaux, des schémas incompréhensibles ou trop simplistes. En effet, ce type de présentation ne va pas dans le sens d'une idée phare qui oriente toute l'intervention, car cette idée se trouve noyée sous de nombreux documents.

Votre enthousiasme se manifestera bien mieux à travers la projection de photos ou de dessins qui frapperont votre auditoire. Par exemple, si vous avez à illustrer le travail en équipe, faites preuve de créativité, choisissez l'analogie : la photo d'une troupe de 12 artistes de cirque en équilibre sur un vélo frappera bien mieux l'imaginaire qu'une présentation PowerPoint.

Le travail de recherche d'images est à mener une fois que vous possédez bien votre message, vos formules, vos accroches. La sélection de deux ou trois images démontrera votre implication personnelle et donnera encore plus de sens à votre intervention.

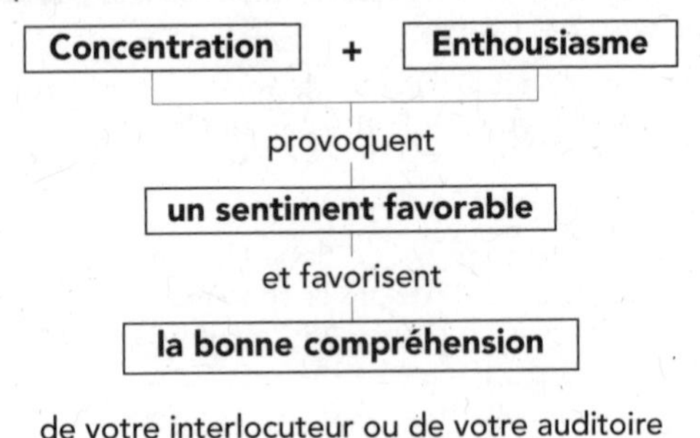

SECTION 4

Montrez que vous êtes fiable

Pour convaincre vite, vous avez tout intérêt à cultiver votre image de fiabilité. Les situations de persuasion rapide (obtenir un accord, déclencher un intérêt, provoquer une rencontre, modifier une décision...) sont même d'excellents révélateurs à cet égard. Si vous n'obtenez jamais rien lors de ces requêtes ou explications express, votre réputation de fiabilité est peut-être en cause. Il est temps d'en prendre conscience et de modifier votre comportement.

Soyez cohérent pour être écouté et suivi

La cohérence est un atout ; elle est la base de la fiabilité. Elle est constitutive de votre réputation personnelle. Attention, cette prise de conscience est essentielle. Quand vous tentez d'obtenir un accord ou une approbation lors d'une intervention très brève, votre interlocuteur focalise sur votre réputation. Pour être perçu comme quelqu'un qui tient ses promesses :

- mettez en accord ce que vous dites et ce que vous faites ;
- sachez tenir le cap ;
- soyez exemplaire pour oser formuler sans crainte des requêtes dans le cadre d'interventions brèves : vous aurez des chances d'être écouté et suivi.

Si votre réputation joue comme un halo dissuasif, vous n'aurez pas la confiance de votre interlocuteur même si votre entrée en matière, vos arguments et votre ton ont fait l'objet d'une préparation

> **POUR ALLER PLUS LOIN**
>
> ***Qu'est-ce que la cohérence ?***
>
> Une personne cohérente met en accord ce qu'elle dit et ce qu'elle fait.
>
> La cohérence est un puissant levier de la persuasion. En effet, pour avoir des chances de le convaincre, il vaut mieux que votre interlocuteur ou l'auditoire accorde du crédit à ce que vous dites. La cohérence confirme le fait que si les paroles comptent, ce sont, en dernière instance, les actes qui font la différence. La cohérence est la clé de la crédibilité et de la confiance des autres.

minutieuse. Pourquoi ? Parce que c'est la cohérence qui engendre la confiance. En matière de réputations, les personnes se divisent en deux catégories :

- soit vous faites partie des gens dont on dit : « Il t'a dit cela, pas de problème, tu peux avoir confiance, il tiendra ses promesses » ;
- soit vous êtes de ceux dont on dit : « Compte-toi chanceux s'il tient ses promesses. »

Quand votre interlocuteur ou votre auditoire vous connaît, ou s'il a entendu parler de vous et que vous avez une réputation de fiabilité, vous augmentez vos chances de convaincre. En effet, lors d'une requête rapide, la pensée de votre interlocuteur sera court-circuitée par ce qu'il sait de vous, et cela prendra le dessus sur votre message.

Si vous manquez réellement de cohérence, en attendant de modifier votre réputation, vous avez tout intérêt, sans la moindre garantie, à faire en sorte que la demande soit présentée par quelqu'un d'autre, en votre faveur.

Renforcez votre fiabilité

Votre fiabilité est perçue comme plutôt bonne ou plutôt mauvaise, mais vous ne pouvez considérer pour autant que les choses sont définitives ou acquises.

Vous devez travailler votre fiabilité comme une véritable discipline. Elle doit être maintenue au meilleur niveau, car elle est un atout essentiel pour convaincre, et elle ne fera que renforcer la crédibilité de vos propos, arguments et engagements.

Si vous avez à reconquérir votre fiabilité, donnez des signes forts, rappelez les promesses que vous avez tenues, apportez des preuves. Si vous avez à la construire, donnez-vous des objectifs précis, promettez moins, mais tenez-vous-en à ce que vous avez dit et annoncé. Progressivement, vous améliorerez votre réputation. Vous serez plus fiable et vous pourrez à nouveau vous risquer à des requêtes express. Vous constaterez alors que la confiance engendrée par la cohérence est votre meilleur atout pour être persuasif, convaincre et être suivi dans vos demandes et vos explications. Si vous voulez gagner l'adhésion, rien de mieux que d'oser prendre des risques calculés :

- évaluez bien vos priorités en amont ;
- engagez-vous sur des résultats attendus ;
- soyez précis et fixez des échéances. Par exemple, si vous avez à mener une campagne d'information, faites valoir que le 15 mars, 10 réunions auront été menées dans chaque succursale ;
- ménagez-vous des marges de manœuvre : ne prévoyez pas des délais trop courts (vous n'engagez sûrement pas que vous en matière de planification).

Votre fiabilité sera constamment remise en cause. Dites-vous qu'en réussissant chacune de vos interventions, vous travaillez pour votre réputation future.

CONSEIL PRATIQUE

La confiance ne se décrète pas

La confiance est le résultat de la cohérence. Votre interlocuteur donnera suite à votre demande d'autant plus aisément que vous aurez su lui inspirer confiance. La confiance ne se décrète pas. C'est votre cohérence (vos promesses tenues) et votre crédibilité (si ce que vous dites est vérifiable, juste et appuyé par des faits en rapport avec votre expérience) qui créent les conditions de la confiance.

Pourquoi est-ce si important ? La confiance rassure et apporte un sentiment de sécurité à votre interlocuteur.

ET VOUS, OÙ EN ÊTES-VOUS ?

Êtes-vous votre meilleur allié ?

Pour savoir dans quelle mesure vous êtes écouté, cohérent, fiable, si vous inspirez confiance à vos interlocuteurs, répondez par vrai ou faux aux affirmations suivantes.

	Affirmations	Vrai	Faux
1	Vous tenez vos promesses : vous faites ce que vous dites.		
2	Vous arrivez à bien vous concentrer.		
3	Vous savez être naturel et laisser parler votre enthousiasme.		
4	Vous n'avez pas peur de dire ce que vous ressentez.		
5	Vous avez la réputation d'être fiable.		
6	Vous osez regarder les gens dans les yeux.		
7	Vous prenez le temps de vous poser des questions sur ce que vous ressentez.		
8	Vous tenez compte de ce que vous ressentez.		
9	Vous n'aimez pas jouer un rôle.		
10	Vous appréciez les gens enthousiastes.		
11	Vous aimez convaincre.		
12	Vous acceptez les appréciations des autres.		
13	Vous n'êtes pas trop influençable.		
14	Vous savez garder le cap.		
15	Vous aimez être exemplaire.		

Pour connaître le résultat de votre autoévaluation, reportez-vous à la page 137.

L'ESSENTIEL

Votre aisance est à la fois le fruit de votre travail et celui de la réputation que vous avez su vous construire tout au long de votre vie professionnelle. Pour augmenter vos chances d'être convaincant, vous devez *booster* la confiance de vos interlocuteurs.

1 RENFORCEZ VOTRE CONVICTION PERSONNELLE

Acceptez de vous poser des questions pour être au clair avec vous-même et vous assurer que vous croyez en votre propos.

2 MOBILISEZ-VOUS PLEINEMENT

Investissez-vous sans réserve, soyez généreux et disponible. Vos efforts auront des effets bénéfiques sur votre potentiel de persuasion et d'influence.

3 SOYEZ LE PLUS CHARISMATIQUE POSSIBLE

Sachez donner de l'intensité et de l'ampleur à vos interventions.

4 SOYEZ DYNAMIQUE

Mobilisez vos deux atouts majeurs : la concentration et l'enthousiasme. Ils seront les garants de votre sérieux, ils démontreront votre réflexion, votre élan et votre dynamisme.

5 AMÉLIOREZ VOTRE RÉPUTATION

Soyez cohérent, faites ce que vous dites, cultivez régulièrement votre réputation de fiabilité. Cela vous permettra de recueillir plus aisément l'adhésion.

NOTES PERSONNELLES

CHAPITRE 6

Tirer parti de l'expérience

Les 3 objectifs du chapitre

1. Faire le bilan de ses interventions brèves
2. Exploiter ses progrès
3. Se prendre au jeu

SECTION 1

Débriefez vos interventions

Vous vous améliorerez par la qualité des enseignements que vous tirerez de vos multiples expériences. En systématisant les débriefings, vous gagnerez en efficacité et vous serez encouragé par vos progrès à faire toujours mieux. Le débriefing est à la fois un état d'esprit et une technique à assimiler.

Faites le bilan de vos interventions

Quelle que soit l'issue de votre intervention brève, il est indispensable d'en dresser le bilan après celle-ci. Sa courte durée ne doit pas vous empêcher d'accomplir cette tâche. En effet, rappelez-vous que, pour sept minutes de temps d'antenne, vous en avez bien plus en préparation préalable.

- *Transformez chaque occasion en situation d'apprentissage.* Vous avez peut-être le sentiment qu'il y a un temps pour agir et un temps pour apprendre (lire un livre, assister à un séminaire). Ce n'est pas toujours vrai. Pour cultiver la réussite et aller vers l'excellence, appliquez-vous à changer d'optique et à considérer que, au fil de votre vie, vous devez vous réserver des moments pour tirer des enseignements de vos apprentissage et vous enrichir.

En faisant systématiquement des bilans après des interventions courtes, vous multipliez les occasions de progresser.

- *Effectuez un retour sur la préparation.* Utilisez le bilan pour revenir sur votre préparation, puis sur le lien entre préparation et réalisation :

– revoyez la manière dont vous vous êtes préparé ;

– évaluez les conditions dans lesquelles vous vous êtes préparé ;

– faites la part des choses entre ce que vous aviez imaginé, ce que vous aviez prévu et ce qui s'est réellement passé ;

– tirez des enseignements : votre préparation a-t-elle été complète, suffisante, assez détaillée ?

– vous êtes-vous senti à l'aise grâce à votre préparation ?

DÉFINITION

Qu'est-ce qu'un bilan ?

Le bilan consiste à revenir sur une situation dans le but d'en faire l'inventaire et d'en tirer des enseignements.

Il peut se pratiquer à chaud ou avec un peu de recul (24 ou 48 heures, mais pas plus) et demande un effort de concentration et de mémoire ainsi qu'une bonne dose de lucidité et d'objectivité. Il permet de dresser une liste énumérative de recommandations issues de l'expérience.

Fondé sur le principe d'une mise au point, le bilan est une clé pour progresser, puisqu'il fournit ce qu'il faut pour une prochaine expérimentation.

- *Dressez l'inventaire de ce qui s'est passé.* C'est le temps fort du débriefing. Regardez à distance ce qui s'est passé :

  – soyez lucide, honnête et objectif sans vous mentir, sans vous voiler la face mais sans vous autoflageller non plus. Cette opération est délicate ; elle est une épreuve de vérité ;

  – rassemblez vos souvenirs de ce que vous avez dit et ressenti ;

  – remémorez-vous vos observations sur les réactions de votre interlocuteur ou de votre auditoire ;

  – n'omettez pas de noter également les retours indirects *a posteriori* qui sont venus jusqu'à vous (témoignages, commentaires...) ;

  – notez de façon énumérative tous ces constats, puis séparez dans votre liste les points positifs et les points négatifs.

- *Tirez des enseignements.* Après ce temps d'inventaire vient la phase constructive du bilan. Pour en tirer des enseignements concrets, vous devez lister les recommandations issues de l'inventaire en utilisant un verbe d'action et en étant précis. Par exemple :

– donner un exemple plus tôt pour frapper l'esprit ;
– rester debout, ne pas m'asseoir en cours d'intervention ;
– regarder tous mes interlocuteurs sans en privilégier aucun ;
– parler de ce qui a été fait dans le projet au lieu de parler seulement du projet ;
– expliquer plus et moins me justifier (ne pas dire : « Nous avons manqué de temps pour... »).

- *Progressez plus vite.* En prenant le soin de répertorier sur une semaine vos occasions de prise de parole, vous ferez des progrès :
  – pour chacune des occasions, déterminez l'objectif : présenter une demande, obtenir un accord, discuter une décision ou un projet. Faites-le avant d'entreprendre vos prises de parole express ;
  – après l'inventaire précis (par exemple, au cours de cinq interventions cette semaine), imposez-vous un effort de mémoire pour faire défiler la situation dans votre tête. Notez ce que vous avez retenu spontanément. En effet, chacune de ces occasions peut être considérée comme une situation d'apprentissage.

- *Remettez-vous en question.* Dresser la liste des enseignements à tirer n'a de sens que si vous acceptez de vous remettre en cause. Se livrer à un bilan, c'est suivre une méthodologie rigoureuse (retour sur la préparation, inventaire, enseignements tirés), mais c'est aussi faire la part des choses en osant admettre :
  – ce qui a bien fonctionné ;
  – ce que vous avez bien fait ;
  – ce qui s'est mal passé ;
  – ce dont vous êtes responsable (vos choix, votre discipline, vos erreurs).

Alors faites le bilan sincère de votre intervention :

– oui, vous êtes satisfait de ce qui s'est passé pour telles raisons que vous noterez ;

– non, vous êtes mécontent pour telle et telle raison.

- *Évaluez les interventions suivantes.* Après vos prochaines interventions, il s'agira de bien mesurer si vous avez vraiment vécu l'épreuve comme une expérience d'apprentissage. Vous vous interrogerez alors pour savoir :

  – si vous avez mis à profit des enseignements tirés d'une occasion précédente ;

  – si vous avez suivi votre préparation et tenu compte des points sur lesquels vous désiriez être plus vigilant.

Cependant, faire un débriefing après chaque intervention ne doit pas vous empêcher de relativiser. Pensez au dicton : « On a perdu une bataille, mais on n'a pas perdu la guerre. »

ET VOUS, OÙ EN ÊTES-VOUS ?

Faites-vous des débriefings efficaces ?

Faites le point sur vos habitudes en cochant les cases qui reflètent le mieux votre état d'esprit.

	Affirmations	Vrai	Faux
1	Quand vous avez terminé quelque chose, vous passez vite à autre chose.		
2	Vous vous interdisez de repenser à des choses que vous avez faites il y a longtemps.		
3	Vous estimez que le débriefing est cruel, surtout en cas d'échec.		
4	Vous estimez que revenir sur ce qui est passé, c'est perdre son temps.		
5	Vous avez du mal à vous concentrer pour faire un débriefing.		
6	Vous tardez beaucoup à effectuer des bilans.		
7	Vous êtes trop sévère avec vous-même quand vous faites un débriefing.		
8	Vous cherchez des justifications pour vous disculper.		
9	Vous ne regardez pas les choses en face.		
10	Vous faites des synthèses sans tirer des enseignements.		
11	Vous prenez très peu de notes quand vous faites un débriefing.		
12	Vous vous abstenez d'inviter votre entourage à participer à vos bilans.		
13	Vous accordez peu d'importance aux enseignements tirés.		
14	Vous n'écoutez pas l'avis des autres.		
15	Vous vivez chaque action comme un événement ponctuel sans lien avec les précédents.		

Pour connaître le résultat de votre autoévaluation, reportez-vous à la page 138.

SECTION 2

Devenez un pro des interventions brèves

Intervenir brièvement vous a peut-être déjà inquiété. Les prises de parole express nécessitent de la préparation, de l'entraînement et une volonté de progresser que vous avez acquise. Vous pouvez maintenant vous prendre au jeu et devenir un pro des interventions brèves.

Prenez-vous au jeu

Pour vivre des succès, l'attitude positive que vous développerez sera tout aussi importante que votre préparation.

- *Mettez-vous au défi.* Dites-vous, par exemple, que prendre la parole tout à l'heure en réunion pour relancer votre projet de création d'un nouveau site Internet est une idée intéressante. Ce n'est pas uniquement votre idée de site qui est passionnante, mais aussi le fait d'avoir à en parler au cours de ce comité de direction. Penser cela changera tout et vous permettra d'être à fond dans ce que vous direz. Le fait de réussir nécessite de montrer que vous avez du plaisir à être là et à dire ce que vous dites.
- *Laissez-vous tenter par le réseautage express.* Cette activité est fondée sur la pratique des séances de rencontres express (*speed dating*) qui ont pour but de trouver l'âme sœur en quelques minutes. Des rencontres sont organisées entre chercheurs d'emplois et spécialistes du recrutement ou chasseurs de têtes.

  – *En quoi est-ce nouveau ?* Cette technique de recrutement s'appuie sur l'idée que le contact physique a plus d'impact que la simple lecture d'un CV.

  – *Comment se déroulent les rencontres ?* Chaque chercheur d'emploi s'installe à une table pour un entretien de sept minutes précises, la quitte au coup de gong, puis enchaîne un nouveau tête-à-tête avec un autre interlocuteur, et ainsi de suite jusqu'à 10 ou 12 entretiens.

– *Quel est l'objectif ?* L'objectif de ces chercheurs d'emplois est de décrocher de véritables entretiens de recrutement avec les personnes intéressées par leur parcours.

– *Comment pouvez-vous vous y préparer ?* En mettant en œuvre l'ensemble des conseils précédents. En prenant l'habitude de faire des bilans, vous progresserez très vite, surtout si vous considérez cette expérience comme un jeu.

– *Quel est l'intérêt pour vous ?* Vous créer un réseau de relations en stockant les cartes de visite utiles et en essaimant les vôtres. Vous mettre à l'épreuve d'apprendre à livrer l'essentiel sur vous-même et vos projets, sans formalisme. Vous informer sur les marchés, capter des informations ou des conseils utiles (qui recrute dans tel secteur...).

Saisissez toutes les occasions de prendre la parole

Pourquoi rester muet lors de la réunion bimensuelle du service ou ne pas intervenir lors de l'assemblée de votre association d'anciens élèves ? Pourquoi vous contenter d'une simple remarque sans impact ou, pire, d'une réplique négative qui altérera votre image ?

Vous exprimer, prendre la parole, c'est vous exposer en prenant le soin de vous préparer et de décider de ce que vous direz ; si vous pensez action et décision, vous interviendrez avec plus de densité et vous aurez un meilleur rayonnement.

Si vous parlez trop ou pas assez, vous ne vous concentrez pas assez sur ce que vous voulez. Or, les interventions brèves bien conçues incitent à prendre la parole pour s'engager, pour déclencher une décision. En saisissant toutes les occasions, d'une part, vous vous accoutumez à ce genre d'épreuves, donc vous progressez et, d'autre part, vous vous concentrez sur des interventions utiles et orientées (obtenir l'accord pour lancer une enquête auprès des clients mécontents, obtenir l'accord de votre supérieur à un projet de formation…).

Pour être plus à l'aise, exercez-vous avec des amis ou en famille. Accordez-vous un temps de préparation et sept minutes pour convaincre votre auditoire que la prochaine destination de vacances sera l'Irlande, ou que la prochaine voiture sera une Yaris plutôt qu'un Pilot !

Transformez votre appréciation du temps

Avec le temps, vous acquerrez des réflexes qui rendront plus aisés vos préparatifs avant vos interventions courtes. Pour devenir un pro des interventions brèves, vous devez arrêter de vous plaindre du manque de temps. Osez changer de point de vue et considérez qu'un temps court devient un atout plutôt qu'un handicap ou une contrainte. En effet, faire bref permet :

- d'aller à l'essentiel ;
- de montrer le meilleur de vous-même ;
- de profiter rapidement de l'effet que vous avez produit.

Vos interventions brèves vous permettent de bien cibler vos buts et de vous concentrer sur une seule chose à la fois.

Concrétisez vos intentions en établissant un programme de prises de parole express. Préparez, pour la semaine ou pour le mois, un tableau décrivant les modalités pratiques.

Contexte (personne ou groupe)	**Objectif visé**	**Préparation** (période et temps à consacrer)	**Moment de l'intervention**
Réunion du groupe Projet en présence du directeur de la succursale	Obtenir un budget supplémentaire pour terminer la réalisation du nouveau site Internet	Prévoir deux heures dans la semaine du 15 au 20 novembre	Vers 14 h 30 le 22 novembre

POUR ALLER PLUS LOIN

La rencontre individuelle entre PDG et investisseurs

Les présidents des sociétés du S&P/TSX rencontrent les investisseurs de façon très brève et discutent de grands enjeux. Ces rencontres entre présidents et gestionnaires de fonds, c'est-à-dire patrons et actionnaires, sont appelées *one to one*. Les décisions sont prises en quelques dizaines de minutes.

Quelles clés détiennent ces dirigeants pour réussir à convaincre leurs interlocuteurs dans des temps aussi brefs malgré de grands enjeux ?

- Donner confiance en fournissant de l'information significative.
- Faire preuve de précision dans les réponses.
- Assurer la transparence des résultats.
- Fournir des prévisions crédibles et attrayantes.
- Oser aborder les rumeurs et les expliquer.

Contrairement aux idées reçues, les analystes financiers ne sont pas uniquement sensibles à la rigueur du discours et ils ne s'accommodent pas que de la sécheresse des chiffres.

Les patrons qui réussissent ces rencontres individuelles savent captiver leurs interlocuteurs en se projetant dans le futur. Ce qui est la preuve que même dans les hautes sphères des affaires, la conviction, l'enthousiasme et la passion font souvent la différence.

Rappel des grandes phases de préparation d'une intervention brève

Phase 1 **Incubation**

- bouillonnement d'idées
- imprégnation des idées
- sélection des idées

Phase 2 **Formulation**

- création des accroches

Phase 3 **Structuration**

- articulation des idées

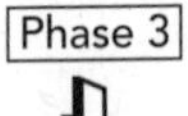

Phase 4 **Mise au point**

- derniers réglages
- illustration
- mise en scène

Phase 5 **Répétition**

- mise en bouche

SECTION 3

Progresser en écoutant les autres

Vous êtes maintenant convaincu qu'il est nécessaire d'accumuler les expériences afin d'en tirer les meilleurs enseignements. Ouvrez vos oreilles, soyez disponible et attentif : c'est aussi en écoutant les autres que vous progresserez.

Observez les orateurs

En réunion, en tête-à-tête ou quand vous regardez la télévision, vous vous intéressez aux idées, aux opinions, vous êtes centré sur le contenu. C'est un signe d'intérêt et de motivation, mais apprenez à relever les astuces des orateurs.

- *Déplacez votre attention sur l'orateur.* Se livrer à cet exercice est très formateur pour apprendre à écouter différemment, pour chercher à comprendre comment s'y prennent les orateurs. Cela vous aidera peut-être à comprendre ce qu'ils sont vraiment ! Pour savoir comment s'y prend tel ou tel orateur, posez-vous les questions suivantes :

  – Comment a-t-il amorcé son intervention ? Quelle a été sa première phrase ?

  – Quel raisonnement a-t-il utilisé ?

  – Prend-il en compte son auditoire ? Est-il capable de s'adapter ?

  – Son message est-il clair ?

  – A-t-il atteint son objectif ?

- *Portez votre attention sur la structure du discours.* Attachez-vous non seulement au fond (les idées, les arguments) et à la forme (le langage, les expressions, les intonations), mais également à la structure du discours, à ses fondations. Vous vous habituerez ainsi à prendre en compte le raisonnement, c'est-à-dire la partie cachée qui ne dit pas son nom dans le discours. Par exemple, vous observerez que, dans certains cas, votre interlocuteur n'a rien démontré, mais que la force de son discours tenait à l'accumulation des témoignages.

- *Inspirez-vous des avocats.* Si vous voulez progresser, profitez des séances publiques dans les tribunaux. En écoutant les avocats, vous découvrirez les différentes manières de conduire une argumentation pour convaincre :
  – attardez-vous à déceler les ressorts persuasifs utilisés ;
  – partez à la recherche des preuves ;
  – suivez le raisonnement utilisé ;
  – notez les mots choisis.

Mettez-vous à la place des autres

Ne vous contentez pas de juger la performance des autres (c'était super, c'était vraiment rasoir, etc.), mais mettez-vous à leur place. C'est une épreuve simple mais difficile et en même temps formatrice. Comment vous y seriez-vous pris, par exemple, pour défendre ce projet, argumenter en faveur de ce recrutement, vous opposer à cette mutation ou défendre ce projet de loi ? Soyez rigoureux :

– notez dans le détail ce que vous avez décrypté de la version à laquelle vous avez été exposé ;
– évaluez ce qui vous paraît positif et négatif ;
– cherchez un nouveau scénario en vous appuyant sur ce que vous avez appris de cet orateur et de votre expérience.

- *Observez les interventions brèves dans les médias.* À la télévision, certaines émissions sont assez riches en argumentation :
  – enregistrez les prestations et analysez-les ;

– observez les interventions des hommes politiques ; s'essayer à des argumentations bien ciblées d'une durée de sept minutes pour solidifier vos opinions vous donnera une idée de l'exigence d'un tel exercice ;

– n'hésitez pas à vous attaquer à des thèmes d'actualité ;

– enregistrez des interventions courtes à la télévision sur un des thèmes que vous avez préparés ;

– interrogez des personnes qui ont assisté aux mêmes manifestations que vous (réunions, émissions, discours, etc.). Écoutez-les, entendez leur analyse et recoupez les témoignages. Progressivement, vous aiguiserez votre perception, serez plus compréhensif sans réagir de façon partisane ou trop égocentrée.

POUR ALLER PLUS LOIN

Soutenir un plan d'affaires

Les dirigeants d'entreprise et les responsables financiers reçoivent de nombreux plans d'affaires, documents résumant un projet et servant à déclencher une décision de financement.

Souvent, le plan d'affaires fait l'objet d'une soutenance orale de cinq ou dix minutes devant jury ou groupe d'évaluation. L'exercice est stressant : l'objectif, dans tous les cas, est de lever les doutes et de renverser le scepticisme.

Les questions suivantes sont déterminantes et doivent être traitées pour renseigner l'auditoire sur le projet et l'aspect financier :

- Quelle est la nature réelle du projet ?
- Quelles sont les compétences mises au service du projet et quelle est la motivation des acteurs ?
- Quel est l'environnement de marché du projet ? Est-il favorable ?
- Quelle est la stratégie opérationnelle de développement (plan d'action et étapes à respecter) ?
- Quelles sont les opportunités de rendement des investissements (à court et à moyen terme) ?
- Quelles sont la nature et l'importance des risques encourus ?

- *Préparez-vous et enregistrez-vous avec une caméra vidéo.* L'épreuve sera plus dure que vous ne l'imaginez :

– osez affronter votre image et faites votre examen critique ;

– recommencez plusieurs fois l'exercice. C'est en renouvelant vos efforts que vous progresserez… et que vous vous prendrez au jeu.

Parlez autour de vous de vos prestations

Après vos interventions, vous ne devez surtout pas vous replier sur vous-même. Sachez utiliser votre entourage et le mettre à contribution.

- *Sollicitez votre entourage après votre intervention.* Vous devez savoir comment vous avez été perçu, ce que les autres ont pensé de votre présentation et ce à quoi les témoins ont été sensibles.
- *Acceptez de tout entendre.* Ne répliquez pas, ne vous justifiez pas ; questionnez et approfondissez ; procédez à des recoupements.

SECTION 4

Gardez bien en mémoire vos réussites

Si vous n'avez que sept minutes pour convaincre, il s'agit pour vous de produire le meilleur de vous-même. Les entraîneurs sportifs diraient qu'il faut « hausser le niveau de jeu », le milieu des ressources humaines évoquera une montée en compétences. Bref, vous devez être au sommet.

Travaillez avec lucidité

La réussite n'est ni une fatalité ni le fruit du hasard quand il s'agit de réussir une intervention express : vous devez croire et investir dans la préparation, et aborder l'épreuve de façon concentrée et déterminée. Clarifiez votre objectif : vous situer, voir où vous en êtes, maintenir votre niveau d'exigence sans déraper dans le perfectionnisme, chercher à être non pas le meilleur, mais meilleur que vous-même lors d'une précédente prestation. Si vous pensez que vous êtes le meilleur, vous ne progresserez plus. Les questions suivantes vous guideront :

- Comment se situe ma dernière prestation par rapport à la précédente dans le même registre ?
- Comment quelqu'un de plus compétent et expérimenté aurait-il traité le problème ?
- Quel a été l'effet du contexte sur mon intervention ?
- Quels renseignements puis-je tirer de l'expérience présente ?

Travaillez avec acharnement

Vous connaissez désormais les facteurs déterminants pour réussir une prestation orale brève. Vous devez travailler avec acharnement pour assimiler les réflexes *ad hoc*:

- Faites un effort constant pour voir les choses du point de vue de l'autre (c'est une seconde nature à acquérir!).
- Cherchez à être le plus renseigné possible, le plus crédible, le plus à jour sur les sujets que vous souhaitez aborder.
- Accordez de la considération à votre interlocuteur ou votre auditoire.
- Sachez mettre en avant vos points communs avec les autres: cela pèsera plus que les points qui vous séparent.
- Sachez mettre fin à votre intervention sans culpabilité, regret ni frustration, que ce soit lors de la préparation, lorsque votre prise de parole touche à sa fin ou après un bilan quand il est temps de tourner la page et de passer à autre chose.
- Échangez avec les personnes qui travaillent avec acharnement: elles sauront sans nul doute vous donner leurs astuces pour améliorer encore vos préparations d'intervention.
- Sachez mettre votre talent au service des autres. En étant généreux, vous serez encore plus fort et légitime, car vous serez reconnu et cela vous stimulera positivement.

Travaillez avec passion

Essayer de briller et de se mettre en vedette n'est certes pas la chose à faire, sous peine de faire face à de dures critiques du genre: « Il se la joue, il fait son numéro… » Et ce n'est pas ce qu'on appelle travailler avec passion. Le secret pour bien faire passer votre message, c'est de créer un sentiment d'utilité:

> **CONSEIL PRATIQUE**
>
> ***Attention au perfectionnisme maladif***
>
> Les gens maniaques et méthodiques obsessionnels veulent que les choses soient parfaites. C'est pousser tellement loin le niveau d'exigence que la prétendue perfection n'est jamais accessible. C'est donc se martyriser et se condamner à ne jamais être satisfait ni heureux.
>
> Il est préférable de développer l'idée positive de progression. Chercher à améliorer et se concentrer sur les progrès est plus mobilisateur que de se traumatiser avec une certaine idée de la perfection que vous ne pouvez pas atteindre.

- Prenez conscience que ce qui compte, ce n'est pas de parler longuement d'un projet.
- Réalisez une fois pour toutes que ce qui compte, c'est de montrer ce que vous faites.
- Ne vous attardez pas à présenter dans vos interventions orales des événements du passé ; seules vos actions du présent comptent ; alors expliquez-les, donnez à voir à vos interlocuteurs ce que vous avez vraiment entrepris.
- N'ayez pas peur d'affirmer que vous aimez ce que vous faites.
- Dites-vous que vos interventions orales seront l'occasion de mettre en avant votre travail ; les autres sauront ainsi reconnaître vos progrès et admettront plus aisément que vos réussites sont le juste retour des choses ; votre travail sera apprécié et reconnu.
- Osez dire à votre entourage que vous êtes globalement satisfait de votre prestation, mais que vous souhaitez néanmoins recueillir leur avis dans le but de savoir comment vous pouvez encore vous améliorer.

Reconnaissez le fait que vos interventions doivent inciter à prendre des décisions et à passer à l'action. Ce n'est pas le moindre des paradoxes d'une prise de parole express réussie : ce sont moins les paroles qui comptent que ce qu'elles disent des décisions prises et des actions engagées. Les personnes approuvent davantage les actes que les paroles… Et c'est avec des mots que vous dites ce que vous avez fait.

Alors, donnez envie à votre interlocuteur de vous faire confiance. Votre passion sera mobilisatrice, surtout si elle est forte, sereine et plus enthousiaste que débordante. Mettez de l'énergie contrôlée dans vos interventions. Être résolu, ce n'est pas seulement prendre des résolutions, c'est agir par goût de le faire, et c'est partager votre désir d'aller de l'avant.

CONSEIL PRATIQUE

Stockez vos réussites

Vos interventions brèves réussies méritent d'être consignées.

- Munissez-vous d'un petit carnet ou ouvrez un dossier dans votre ordinateur pour noter vos performances.
- Gardez le plan et les arguments forts.
- Notez aussi vos impressions et précisez l'issue, c'est-à-dire ce que vous avez obtenu.
- Relisez régulièrement vos notes. En vous imprégnant de vos réussites, vous alimenterez vos prochains succès.

ET VOUS, OÙ EN ÊTES-VOUS ?

Êtes-vous prêt à progresser ?

Pour faire le point et savoir si vous êtes dans l'état d'esprit nécessaire pour progresser, cochez oui ou non pour chacune des affirmations suivantes.

	Affirmations	Oui	Non
1	Vous aimez bien vous souvenir de ce qui a bien marché.		
2	Vous voulez bien faire sans être obsédé par la perfection.		
3	Ce qui compte pour vous, c'est de progresser.		
4	Vous aimez faire des efforts.		
5	Vous allez au bout de ce que vous commencez.		
6	Vous comparez vos propres interventions.		
7	Vous acceptez les critiques.		
8	Vous tirez souvent des enseignements des prestations des autres.		
9	Vous expérimentez de nouvelles manières de vous y prendre.		
10	Vous savez distinguer ce qui a bien fonctionné quand le résultat est négatif.		
11	Échouer vous incite à travailler davantage.		
12	Réussir vous donne envie de prendre de nouveaux risques.		
13	Vous voyez ce qu'il y a de positif chez les autres.		
14	Vous avez de la considération pour vos interlocuteurs.		
15	Vous avez envie d'être utile aux autres.		

Pour connaître le résultat de votre autoévaluation, reportez-vous à la page 139.

L'ESSENTIEL

Progresser, c'est vouloir grandir. Soyez ambitieux pour être exigeant avec vous-même. L'aisance, l'efficacité et le succès viendront avec les efforts consentis.

1 DÉBRIEFEZ VOS INTERVENTIONS

Dressez l'inventaire de ce qui s'est passé, tirez des enseignements, sachez vous remettre en cause, soyez rigoureux pour profiter de votre expérience et améliorer votre prochaine prestation.

2 LAISSEZ-VOUS PRENDRE AU JEU

Considérez que faire bref est un défi à relever et saisissez toutes les occasions qui se présentent pour vous lancer dans des interventions orales brèves après vous être bien préparé.

3 PROGRESSEZ EN ÉCOUTANT LES AUTRES

Décryptez leur manière de s'y prendre et tirez profit des observations que vous faites. Travaillez avec lucidité, acharnement et passion. Vous acquerrez de véritables réflexes, et votre ténacité sera payante.

4 GARDEZ EN MÉMOIRE VOS RÉUSSITES

Investissez vos efforts dans les registres décisifs : considérez les autres, soyez constant, allez au bout de ce que vous commencez, soyez optimiste et assurez-vous de votre crédibilité. Soyez à jour, légitime dans ce que vous dites et enthousiaste sans excès.

NOTES PERSONNELLES

Résultats des exercices

PAGE 16

Préparez-vous à dire, demander et obtenir

Afin de bien vous préparer, tentez d'abord d'enquêter discrètement pour mieux voir d'où vient la rumeur, ce qui la justifie et ce qu'elle signifie vraiment. Ensuite, approfondissez la question du budget. Vous devez savoir dire pourquoi le budget est insuffisant et argumenter en faveur du montant du nouveau budget souhaité. Ce travail réalisé, vous serez prêt à franchir les étapes d'une bonne préparation. Pour cela, sélectionnez vos arguments et vos explications (notez-les) ; imprégnez-vous-en en les relisant. Écrivez ensuite un court scénario de votre argumentation. Prenez du recul pour vous mettre à la place de votre interlocuteur et tenez-en compte pour ajuster vos arguments. Mettez ensuite au point une dernière version.

PAGE 20

Que représente le temps pour vous ?

- Si vous avez répondu oui aux questions 1 - 3 - 5 - 7 - 8 - 12 - 13 - 14 - 15, vous êtes vraiment un adepte des interventions brèves et vous considérez qu'aller à l'essentiel est non seulement une qualité mais aussi une compétence qui devrait être partagée par tous.
- En revanche, si vous avez répondu majoritairement oui aux questions 2 - 4 - 6 - 9 - 10 - 11, vous supportez mal la pression du temps. Vous découvrirez en vous exerçant que s'obliger à intervenir brièvement amène à mettre de l'ordre dans ses idées et à être plus précis et plus exigeant.

PAGE 24

Que faites-vous quand vous devez prendre la parole ?

- Si vous avez une majorité de oui, à l'évidence, vous n'êtes pas à l'aise quand vous devez prendre la parole, et la nécessité d'aller rapidement à l'essentiel doit encore aggraver votre inconfort.
- Si vous avez coché entre 5 et 10 fois la case « parfois », ce genre d'épreuves peut vous prendre en défaut.
- Si vous avez plus d'une dizaine de non, vous vous sentez psychologiquement prêt à faire face. En allant plus loin, vous découvrirez comment améliorer la qualité de vos prestations. Attention, toutefois, de ne pas vous surestimer.

PAGE 28

Jugez de votre capacité à être bref

Pour être convaincant, respectez toutes les étapes de la préparation évoquées à la section 4.

Si vous voulez convaincre, ne culpabilisez pas l'auditoire en lui adressant des reproches. Au contraire, listez tous les avantages d'une formation à la créativité (voir les choses autrement, rendre le travail plus intéressant, se différencier…) et montrez-en concrètement les intérêts pour les personnes dans leur travail (gagner du temps, se faire plaisir, éviter la routine, surprendre les clients…).

PAGE 35

Faites l'autodiagnostic de vos habitudes de préparation

- Si vous arrivez à un total de plus de 10 « vrai », vous devez complètement reconsidérer vos habitudes actuelles de préparation, qui pourraient vous être fatales si vous n'avez que sept minutes pour convaincre. Car tout se joue d'abord avec la qualité de la préparation.

- Si vous avez plus de 10 « faux », vous avez déjà compris que la préparation sera essentielle pour ce genre d'épreuves. Lisez également les chapitres 2 et 3 pour parfaire votre préparation.

PAGE 39

Exercez-vous à synthétiser vos propos

Cet exercice vous incite à un bon travail de gymnastique mentale. Surtout, ne vous limitez pas à cette série de 10 opinions. Entraînez-vous pour gagner en aisance. Relisez-vous et améliorez vos productions, puis testez-les sur votre entourage. À titre d'exemple :

- Opinion : j'ai horreur de l'art abstrait.
- Mot clé : surprendre.
- Formule-choc : l'art, c'est du sens tout de suite.

PAGE 48

Tenez-vous compte de vos interlocuteurs ?

Convaincre, ce n'est ni chercher à montrer que vous avez raison à tout prix ni montrer que l'autre a tort. Ce n'est pas non plus croire que vous convaincrez assurément quelqu'un avec les arguments qui vous auraient convaincu. Pour convaincre les autres, vous devez les prendre en compte au moment de votre préparation.

- Si vous avez répondu oui (ou majoritairement oui) aux questions 4 - 7 - 8 - 9 - 10, vous avez parfaitement compris que vous convaincrez quelqu'un en tenant en partie compte de sa logique et de son système de référence (idées, valeurs, croyances).

- Si vous avez répondu majoritairement oui aux questions 1 - 2 - 3 - 5 - 6 - 11 - 12 - 13 - 14, vous êtes trop centré sur vous-même. Votre égocentrisme vous amène à voir les autres à travers vous et à trop exercer de pression. Relisez bien la section 4 pour vous amener à réfléchir.

PAGE 56

Comment organisez-vous vos idées ?

Votre premier travail de préparation a consisté à chercher, formuler et sélectionner vos idées. Vous devez maintenant articuler vos idées et vous habituer à manier le plan en cinq phases qui vous a été conseillé à la section 1 (amorce attrayante – accroche positive – argumentation solide – collaboration de l'interlocuteur – question franche). Les réponses aux questions vous donneront un bon aperçu de vos habitudes pour manœuvrer et pratiquer vos interventions.

- Si vous avez plus de 12 réponses « toujours » et « parfois », vous avez de la difficulté à contrôler le développement de vos idées. Vous êtes très empirique et peu discipliné. Que ce soit pour cause de panique ou d'inconscience, vous devez vous convaincre de la nécessité d'un plan à étapes.
- Si vous avez plus de 8 réponses « toujours » et « parfois », vous avez tendance à déraper, même si vous avez en tête une marche à suivre.
- Si vous avez plus de 10 réponses « rarement », votre prise de parole est organisée. Vous pouvez vous améliorer en retravaillant chaque étape.

PAGE 68

Quelle est votre logique ?

Avez-vous remarqué ? Chaque fois qu'une personne qui vous écoute se sent à l'aise parce que ce que vous dites est clair, qu'elle suit votre raisonnement, qu'elle comprend la logique du déroulement, que la cohérence de vos arguments s'impose, c'est gagné ou presque !

Raisonner logiquement est un exercice de l'esprit qui exige un souci de la rigueur pour faire en sorte que ce que vous avancez soit marqué par une vraisemblance ou une très forte probabilité. Cherchez simplement à rendre vos propos le plus cohérants possible afin que les autres sachent et comprennent d'où vous partez dans votre raisonnement (vos prémisses) et comment vous enchaînez vos idées.

Les réponses du test vous indiqueront vos dispositions plus ou moins grandes pour l'exercice de la logique.

- Si vous avez plus de 10 réponses positives, vous êtes à l'aise avec les rigueurs des raisonnements logiques.
- Si vous avez plus de 10 réponses négatives, vous avez de la difficulté avec la cohérence et la logique. Dans ce cas, relisez attentivement la section 4 et approfondissez votre connaissance des techniques d'argumentation par d'autres lectures.

PAGE 76

Évaluez votre trac

- Si vous avez plus de 10 réponses du type « jamais/parfois », vous n'êtes pas très souvent sujet au trac.
- Si vous avez 15 réponses « jamais », vous êtes en danger. Comme disait Sarah Bernhardt, le trac viendra avec le talent !

- Si vous avez plus de 10 réponses « souvent/toujours », votre trac est excessif, il peut vous diminuer ou vous inhiber. Relisez bien toute la section 1 pour être plus à l'aise.

PAGE 89

Utilisez-vous suffisamment votre voix et vos gestes pour appuyer vos discours ?

- Si vous avez obtenu plus de 10 réponses positives, votre langage corporel et votre discours ne sont manifestement pas sur la même longueur d'onde. Vous devez travaillez la synchronisation et mettre vos gestes, vos intonations et vos mimiques au service de ce que vous voulez dire. Relisez la section 3 et entraînez-vous d'abord seul puis en vous enregistrant avec une caméra vidéo.
- Si vous avez obtenu plus de 10 réponses négatives, vous êtes sur la bonne voie. Travaillez l'aisance et le geste juste, et restez vigilant pour la respiration.

PAGE 96

Affirmez vos convictions

Vous avez compris que vos convictions sont un de vos meilleurs atouts pour convaincre vite. Vos convictions vous donnent de la crédibilité et du poids.

- Si vous avez plus de 12 réponses « toujours/parfois », vos convictions sont bien affirmées. Cela vous aidera à convaincre et vous stimulera.
- Si vous avez plus de 12 réponses « rarement/parfois », vos convictions sont plutôt fragiles. Vous ne croyez pas trop à ce que vous dites. Cela vous affaiblit. Reportez-vous à la lecture de la section 1 et approfondissez votre examen critique.

PAGE 100

Exercez-vous à ressentir

Après avoir choisi les cinq personnes, vous vous êtes concentré sur la personnalité de chacune et vous avez évalué, sur la base de ce que vous ressentez, leur niveau de conviction, d'enthousiasme et de disponibilité.

Maintenant, étayez votre évaluation de ce que vous ressentez par des faits ou des exemples significatifs connus de vous.

- Si vous avez coché « forte conviction », cela signifie que c'est une personne qui ose affirmer ce qu'elle pense, qui donne son avis, qui s'engage.
- Si vous avez coché « faible enthousiasme », cela signifie que c'est une personne qui reste très réservée, peu expansive, tout en nuances.
- Si vous avez coché « forte disponibilité », cela signifie que c'est une personne qui se montre toujours disponible et prête à participer à des actions collectives, qui est généreuse et fait des efforts pour contribuer à un travail en équipe.

PAGE 108

Êtes-vous votre meilleur allié ?

Concentration, enthousiasme, charisme, cohérence, sérieux sont les leviers de votre force de persuasion. Quand vous prenez la parole brièvement devant une personne ou un groupe qui vous connaît, votre réputation, votre image personnelle ont un impact sur votre discours et l'influence que vous exercez. Vous devez donc vous interroger sur votre image personnelle et tenter de l'infléchir si vous estimez qu'elle doit être améliorée. Cela nécessite une réelle remise en cause qui passera par une prise de conscience : Comment êtes-vous perçu ? Comment voulez-vous être perçu ? Y a-t-il cohérence, adéquation entre ce que vous ressentez et ce que vous voudriez que les autres perçoivent ? Bref, dès le début, il s'agit d'un vrai travail sur soi-même, mais sachez que le chemin en vaut souvent la peine.

Pour l'heure, les réponses au test peuvent vous éclairer sur une première préoccupation : êtes-vous votre meilleur allié ? Ou, en d'autres termes, êtes-vous au clair avec vous-même ?

- Si vous avez plus de 10 réponses positives, vous avez une bonne cohérence, c'est-à-dire qu'il y a unité entre ce que vous dites et ce que vous faites. Cela vous donne une bonne assise, sûrement de l'élan et une capacité à vous engager clairement.
- Si vous avez plus de 10 réponses négatives, il convient de vous livrer à un examen de conscience. Vous n'êtes pas au clair avec vous-même. L'épreuve des sept minutes pour convaincre vous sera difficile. Relisez tout le chapitre 5 et intéressez-vous également à tout ce qui touche la confiance en soi, l'affirmation de soi, l'estime de soi (stages et lectures).

PAGE 116

Faites-vous des débriefings efficaces ?

Le débriefing est un des meilleurs leviers pour progresser. Consacrez-y le temps et l'attention nécessaires. Débriefer, c'est se respecter soi-même pour donner des ressources au potentiel dont vous disposez et qui ne demande qu'à s'exprimer. Vous apprendrez vite à tirer des enseignements de vos interventions orales brèves. C'est à ce prix que les échecs font réellement progresser, et dites-vous qu'il y a du plaisir à faire mieux. C'est ce plaisir auquel il convient d'accéder, car il vous mettra sur le chemin du travail productif et du goût de progresser. Vous aurez ainsi le sentiment de mériter vos succès, fruit de vos efforts.

- Si vous avez indiqué plus de 12 fois « faux », vous êtes acquis à l'idée du débriefing. Pour progresser, veillez à le faire après chaque intervention.

- Si vous avez indiqué plus de 12 fois « vrai » , vous devez revoir votre attitude par rapport aux pratiques de débriefing. Relisez la section 1 du chapitre 6 et mettez-vous au travail à la première occasion.

PAGE 129

Êtes-vous prêt à progresser ?

Ce dernier test vous permettra d'évaluer les premiers effets de la lecture de ce guide en même temps qu'il vous renseignera sur votre état d'esprit par rapport à la volonté de progresser qui vous anime.

- Si vous avez plus de 12 réponses positives, vous êtes bien disposé à aller de l'avant et à devenir un pro des interventions brèves et réussies.
- Si vous avez entre 7 et 11 réponses positives, vous devez encore travailler et vous interroger.
- Si vous avez moins de 6 réponses positives, prenez trois jours de vacances, secouez-vous ou tentez en moins de sept minutes de convaincre votre libraire de vous rembourser ce guide. Si vous réussissez cette dernière entreprise, rien n'est encore perdu !

Faites-nous part de vos commentaires

Assurer la qualité de nos publications
est notre préoccupation numéro un.

N'hésitez pas à nous faire part de
vos commentaires et suggestions
ou à nous signaler toute erreur
ou omission en nous écrivant à :

livre@transcontinental.ca

Merci !

Imprimé sur Rolland Enviro110, contenant
100% de fibres recyclées postconsommation,
certifié Éco-Logo, Procédé sans chlore, FSC
Recyclé et fabriqué à partir d'énergie biogaz.